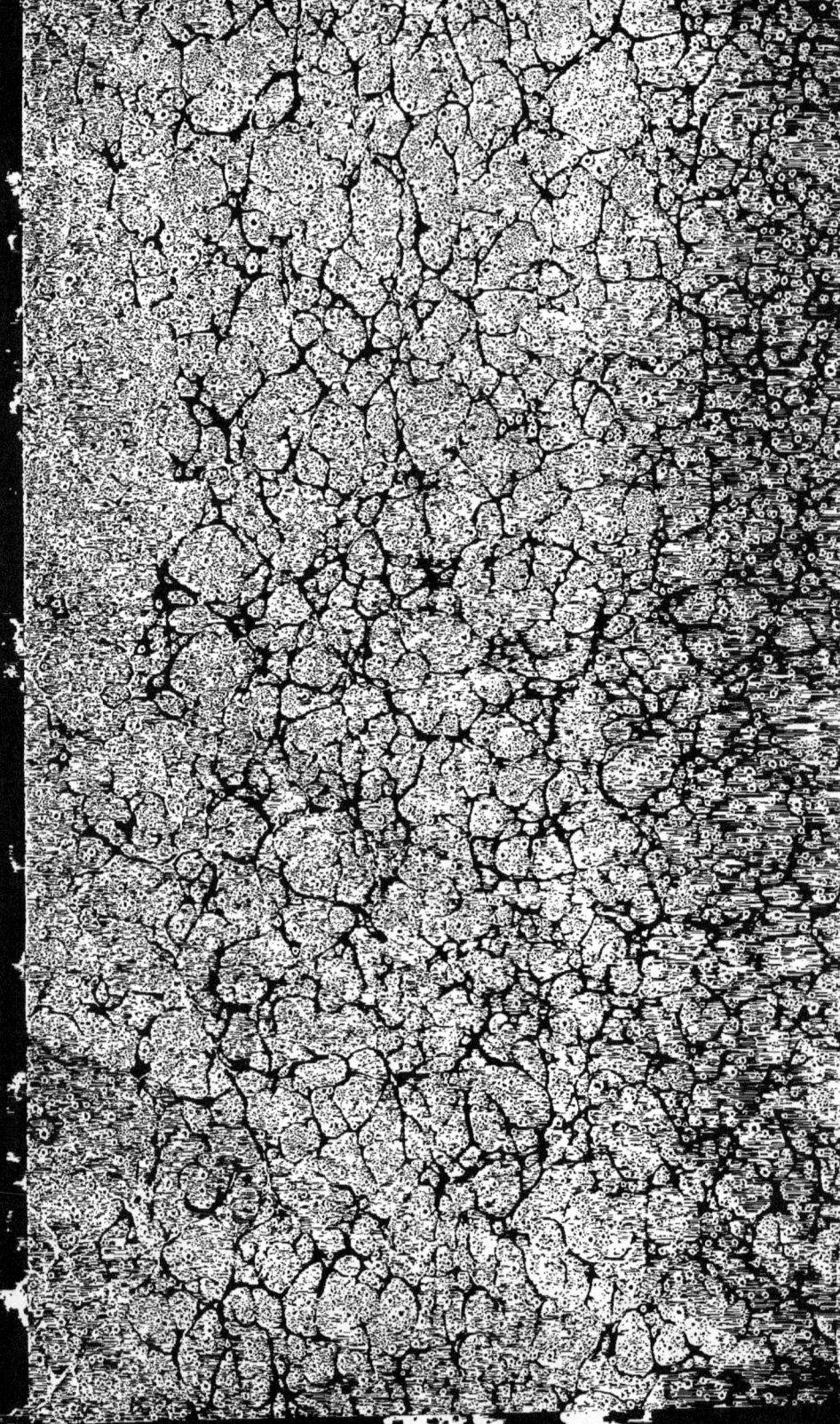

# LE DUC DE RAGUSE

DEVANT L'HISTOIRE

PARIS

IMPRIMERIE DE L. TINTERLIN ET C$^e$

RUE NEUVE-DES-BONS-ENFANTS, 3.

LE MARÉCHAL MARMONT

# DUC DE RAGUSE

## DEVANT L'HISTOIRE

EXAMEN CRITIQUE

ET

## RÉFUTATION DE SES MÉMOIRES

d'après

DES DOCUMENTS HISTORIQUES LA PLUPART INÉDITS.

**DEUXIÈME ÉDITION**

AUGMENTÉE D'UN APPENDICE.

PARIS

E. DENTU, LIBRAIRE-ÉDITEUR

13, GALERIE D'ORLÉANS, PALAIS-ROYAL, 13.

1857

Droits de Reproduction et de Traduction réservés.

# EXAMEN CRITIQUE

DES

# MÉMOIRES DU DUC DE RAGUSE.

---

I.

Le titre de cette brochure indique suffisamment son but. Ce but n'est autre que la mise en évidence d'un assez grand nombre d'erreurs propagées par cet ouvrage, dont le succès est en partie la conséquence du scandale qu'il soulève.

Lorsque les premiers volumes des Mémoires du duc de Raguse firent leur apparition, tout le monde voulut les lire. Le nom de l'auteur, les événements politiques et militaires auxquels avait été mêlé le maréchal, l'assurance qu'on acquit bientôt que rien ou presque rien n'avait été effacé dans le texte de cet ouvrage, les pièces justificatives, les lettres, les documents qu'on espérait rencontrer à la suite du texte, le talent de Marmont comme écrivain, l'espérance qu'on devait avoir, naturellement, de trouver dans une œuvre posthume une impartialité rigide et inflexible, une page d'histoire écrite en dehors des passions du monde, étaient autant de raisons pour donner à ces Mémoires un retentissement immense.

Bientôt on fut en partie désillusionné. Au lieu d'une œuvre calme, on trouva une œuvre passionnée. Au lieu d'un livre d'histoire, un long et spirituel pamphlet n'épargnant personne. Un ouvrage parsemé d'anecdotes plus amusantes que vraies, et de portraits plus chargés en couleur que peints avec sagesse ; chaque volume fut accueilli avec empressement, attendu avec impatience ; mais alors le succès fut bien plutôt un succès de scandale qu'un succès de bon aloi. On voulut voir jusqu'à quel point l'auteur pousserait l'impudeur du *moi*.

Si Marmont eût été forcé de tirer une conclusion de ses Mémoires, il n'aurait pu les résumer que par ces mots : je suis le génie le plus prodigieux qui ait jamais paru. Militaire, homme politique, homme d'Etat, administrateur, à l'entendre il ne s'est jamais trompé. Tous ceux qu'il a rencontrés sur sa route pendant sa longue carrière n'ont fait que des sottises, à commencer par l'Empereur, qui eût mieux agi, la plupart du temps, en se bornant à suivre les conseils qu'il lui donnait.

La lecture de cet ouvrage nous a rappelé le trait d'un ancien officier attaché à l'état-major d'un de nos plus illustres maréchaux, trait que cet officier racontait souvent lui-même, dans son propre salon, avec une outrecuidance telle qu'elle eût pu passer pour la plus délicieuse naïveté. — « Pendant cette campagne, disait-il, je mettais tous les soirs, sur la table de nuit du maréchal, un rapport contenant le plan de ce qu'on devait faire le lendemain ; le maréchal le lisait, s'en pénétrait bien, donnait ses ordres en conséquence et tout marchait admirablement. Envoyé en mission, j'eus soin, avant de partir, de laisser pour chaque jour la note des opérations à effectuer ; cependant, on ne fit que des sottises. Je n'y comprenais plus rien, lorsqu'en rejoignant le quartier général, j'eus la clé de l'énigme. Mes lettres étaient restées sur la table du maréchal qui avait oublié de les décacheter..... »

Il est fâcheux que le duc de Raguse n'ait pas connu cette histoire dont nous garantissons l'authenticité, il eût pu en faire usage dans ses Mémoires et même se l'appliquer.

Le livre posthume de Marmont n'a pas à nos yeux l'importance que nous lui donnions avant de le connaître. La passion y règne d'une façon trop arbitraire ; on sent trop l'homme ulcéré qui veut se venger du monde en sapant les réputations de ceux que l'on s'est habitué à admirer.

Il cherche à s'entourer de ruines, espérant s'en faire un piédestal.

Les lettres, les pièces justificatives qui se rapportent aux divers livres, sont quelquefois choisies sans beaucoup de discernement ; un trop petit nombre de ces pièces offrent quelqu'intérêt historique, et il ne devait cependant pas être difficile de trouver dans les volumineux cartons qu'a laissés le maréchal, des documents ayant une valeur plus réelle.

Toutes ces raisons ont déprécié la dernière œuvre du duc de Raguse, sans cependant en ralentir le succès éphémère. Bien loin de là, ce succès a été toujours croissant, et c'est tout simple, l'ouvrage est amusant, parfaitement écrit et très-agressif. Il appelle un genre de scandale dont le public est très-friand. Mais qu'on laisse s'effacer les impressions du moment et ces Mémoires tomberont vite dans le demi-jour. Ils sont trop sérieux et pas assez vrais pour être des Mémoires *à la Saint-Simon;* ils sont trop passionnés, trop entachés de partialité, pour former un ouvrage sur lequel les historiens puissent s'appuyer sans crainte de commettre les erreurs les plus graves.

Si nous osions, nous dirions que, selon nous, cet ouvrage n'est ni *histoire* ni *mémoires*.

Toutefois, comme on ne saurait lui refuser une certaine valeur, comme l'autorité du nom du duc de Raguse pourrait fort bien faire faire fausse route à beaucoup de lecteurs qui n'ont pas entre les mains les éléments nécessaires pour se garer des erreurs historiques nombreuses que renferme ce volumineux ouvrage, nous avons cru devoir indiquer les principales de ces erreurs, en nous appuyant, pour les réfuter, sur des documents authentiques.

Nous allons donc fouiller chacun des volumes des Mémoires de Marmont, l'histoire à la main.

Dans cette recherche de la vérité, nous ne nous appesantirons pas sur bien d'autres défauts de l'ouvrage. Nous ne ferons pas remarquer l'inconvenance avec laquelle le duc parle de la maréchale, sa femme, au premier et au septième volume.

Le peu de générosité qu'il y a de sa part à appeler l'attention sur les défauts de ses meilleurs amis, de ceux qui lui ont rendu service ; son peu d'empressement à mettre en relief les qualités et les vertus des gens avec lesquels il a été en communication, avec lesquels, dans les combats, il a couru les mêmes dangers. Nous ne parlerons pas de l'outrecuidance avec laquelle, dans tous ses récits, il se pose comme n'ayant jamais fait la moindre faute, ni à la guerre, ni dans les positions diverses et importantes où le placèrent ses talents et la faveur de son ancien camarade, devenu bientôt son chef, le général Bonaparte. Quant à ses relations personnelles avec l'Empereur, relations auxquelles le duc de Raguse consacre une note particulière dans son sixième volume, nous en dirons un mot en les appréciant aussi à notre point de vue.

Le maréchal Marmont était un homme de beaucoup d'esprit, d'une grande instruction, d'infiniment de talent, de mérite comme écrivain, personne ne lui conteste toutes ces qualités. Nous voulons bien croire une partie de ce qu'il a soin de dire lui-même, c'est qu'il était un très-habile général ; cependant, nous relaterons un fait qui est à la connaissance de tous les anciens militaires ayant servi sous ses ordres, et qui ne prouve pas qu'il fût jugé de cette façon par les soldats.

Il existait, dans l'armée de Napoléon I$^{er}$, parmi ce qu'on appelle les *troupiers*, une croyance passée à l'état *chronique*, et qui se traduisait par un dicton. Chaque fois qu'on voyait arriver un certain général que nous ne nommerons pas, les soldats disaient : « Ah ! voilà un tel, on ne se battra pas. » Lorsque Marmont se présentait, on modifiait la phrase et on disait : « Ah ! voilà Marmont, nous nous battrons, mais nous serons battus. » Cela impliquait-il que le duc de Raguse fût un chef médiocre ? Non, sans doute ; mais cela ne prouve pas non plus qu'il passât pour un grand et habile général. Cette anecdote ne se trouve pas dans les *Mémoires du duc de Raguse.*

Le premier volume des Mémoires de Marmont a un grand charme littéraire, peu d'intérêt historique. Tout ce qui s'y trouve relaté par l'auteur est connu depuis long-temps, à l'exception peut-être de quelques anecdotes de peu d'importance. Nous passons sous silence les pages consacrées par l'auteur à ses premières amours, pages peu dignes d'un livre sérieux, et dans lesquelles perce la fatuité de mauvais goût d'un vieillard qui vit de souvenirs ; nous ne parlerons pas davantage des lignes écrites par le maréchal sur sa femme. Si, de ce volume, on enlevait ce que nous venons de signaler plus haut, qu'on adoucît la peinture de quelques portraits un peu trop vigoureusement accentués, on aurait un livre fort intéressant, écrit d'un style facile, n'ayant aucune portée réelle pour l'histoire, mais amusant et renfermant de bonnes peintures de mœurs et une partie anecdotique curieuse.

On voit que, tout en étant décidé à signaler les erreurs qui se trouvent dans les Mémoires du duc de

Raguse, nous sommes très-disposés également à rendre à cet ouvrage la justice qu'il nous paraît mériter.

## II.

Au commencement du second volume, Marmont prend la défense du général Bonaparte, sur les deux faits de l'empoisonnement des pestiférés et du massacre des prisonniers de Jaffa. Nous signalons cette défense parce que, dans la suite de son ouvrage, le duc de Raguse, loin d'agir de même, attaque presque toujours son ancien général. Du reste, la campagne d'Égypte, comme celle d'Italie, est traitée avec beaucoup de verve et d'esprit. On trouve même, dans cette dernière, quelques considérations qui ont échappé aux auteurs ayant précédemment écrit sur la même matière.

Marmont ne laisse pas volontiers échapper une occasion de donner ce qu'on appelle vulgairement un *coup de patte* à un camarade, et de se faire en même temps à lui-même, sans avoir l'air d'y *toucher*, un joli petit compliment. Nous ne pourrions signaler tous les traits de cette nature qui fourmillent dans ses Mémoires. Nous citerons seulement celui où il est question de Murat, au moment de la campagne de 1800. Bonaparte, assure l'auteur, lui dit : « En servant dans la ligne, vous courez les chances de vous trouver sous les ordres de Murat, ou de tout autre général aussi dépourvu de talent, etc.; » puis le Premier Consul ajouta : « J'ai confiance dans votre activité, les ressources de votre esprit et la force de votre volonté. » Voilà pour Murat, voilà pour Marmont.

Du reste, hâtons-nous de le reconnaître, Marmont rendit de très-grands services au commencement de la campagne de 1800. Ce fut lui qui, en sa qualité de commandant de l'artillerie, prépara les succès du Premier Consul, en faisant exécuter au matériel le passage réputé impossible des Alpes.

C'est surtout dans le livre VI$^e$, à propos de la campagne de 1800 à 1801 sur l'Adige, que le maréchal donne carrière dans ses Mémoires à sa verve satirique. Depuis le général en chef Brune jusqu'au dernier de ses camarades, tous passent sous les fourches caudines de son impitoyable plume. Il y a dans ce volume de l'esprit méchant dans une belle proportion. Le plus maltraité de tous les généraux est Davout, dont l'auteur ne craint pas de dire : *qu'il s'était institué de lui-même l'espion de Bonaparte, et que chaque jour il lui faisait des rapports.* Jusqu'à présent on s'était bien fait du maréchal Davout l'idée d'un homme sévère et même dur, bon militaire, mais inflexible. On n'en était pas encore arrivé à le considérer comme étant d'un *caractère féroce* et capable des cruautés et des turpitudes qui lui sont reprochées par le duc de Raguse.

Un fait historique d'une grande valeur est éclairci dans ce volume, fait longtemps révoqué en doute depuis 1805; c'est l'intention sérieuse qu'a eu réellement Napoléon d'exécuter une descente en Angleterre. Non-seulement Marmont affirme que cette expédition contre la Grande-Bretagne a été un des désirs de l'Empereur; mais, ce qui vaut mieux, il le prouve par la production de quatre lettres placées à la correspondance qui suit le livre vii$^e$; ces documents ne peuvent plus laisser aucun doute à cet égard.

La fin de ce second volume et le troisième tout entier, ne sont qu'un long panégyrique. L'auteur se donne des éloges depuis le commencement jusqu'à la fin. L'encens ne brûle que pour lui seul. Il a admirablement organisé son corps d'armée au camp du Nord ; il a, sans jamais commettre la plus légère erreur, sans jamais broncher, marché toujours dans le droit chemin. Il est permis de lui pardonner un peu de cet amour de lui-même, en faveur des services qu'il rendit à cette époque et aussi en faveur du jour nouveau qu'il jette sur la Hollande et sur les Provinces Illyriennes.

Le livre viii$^e$ contient un détail très-curieux des

circonstances qui changèrent les dispositions du roi de Prusse à notre égard, au commencement de la campagne de 1805. Dans le livre IX⁰, le duc de Raguse commence la série de ses critiques sur les opérations de l'Empereur. Non-seulement il est loin d'admirer cette belle campagne de 1805, mais il termine ses appréciations, basées, il est vrai, sur des hypothèses fortuites, par ces mots : « Il est plus que probable que la campagne aurait fini par notre destruction ou une retraite précipitée et non par des *triomphes*. » — On pourrait dire aussi, sans courir grand risque de se tromper, que si Marmont eût été à la place de l'Empereur, il est *probable* que la campagne de 1805 n'eût pas été terminée par des *triomphes* semblables à ceux obtenus par le génie du grand capitaine. Ce n'était peut-être pas son avis, mais c'est l'avis le plus général.

Dans tout le cours de son ouvrage, le maréchal se donne volontiers les gants de s'attribuer une foule de choses qui ne lui appartiennent pas. Il prétend, après coup, que certains événements fâcheux auraient été évités facilement si on eût suivi ses conseils ; mais il ne prouve pas ce qu'il avance, il se borne à le dire. Ainsi, il affirme qu'il essaya à plusieurs reprises d'intervenir auprès de Napoléon pour faire pénétrer le doute dans son esprit, à propos de la découverte de Fulton, et que l'Empereur, traitant

Fulton de charlatan, ne voulut pas se laisser éclairer. Malheureusement pour le duc de Raguse, à côté de cette anecdote tout à sa louange et fort peu à l'honneur de Napoléon, le *Moniteur* du 17 février 1857 répond par la lettre suivante, datée du camp de Boulogne le 21 juillet 1804, et adressée par le grand capitaine au ministre de l'intérieur : — « Monsieur de Champagny, je viens de lire le projet du citoyen Fulton, ingénieur, *que vous m'avez adressé beaucoup trop tard*, en ce qu'il peut changer la face du monde. Quoi qu'il en soit, je désire que vous en *confiez immédiatement l'examen* à une commission composée de membres choisis par vous *dans les différentes classes de l'Institut.* C'est là que l'Europe savante doit chercher des juges pour résoudre la question dont il s'agit. Une grande vérité, une vérité *physique, palpable, est devant mes yeux.* Ce sera à ces Messieurs de la voir et de tâcher de la saisir. Au reste, le rapport fait, il vous sera transmis et vous me l'enverrez. Tâchez que tout cela ne soit pas l'affaire de plus de huit jours, *car je suis impatient.* » — Que dire des prétentions du duc de Raguse et de ses anecdotes sur Fulton, en lisant cette ettre ?....

## III.

Le troisième volume des Mémoires, au point de vue historique, critique, littéraire, nous a paru supérieur à tous les autres. Il donne lieu cependant à plusieurs observations. Le duc de Raguse blâme la coutume qu'avait Napoléon de visiter les grands champs de bataille le lendemain du jour où avait eu lieu l'action, alors que tant de braves soldats étaient encore étendus sur le terrain. Il semble voir dans cet usage une curiosité pour ainsi dire cruelle de l'Empereur. Nous y voyons, nous, le noble motif de soulager de glorieuses infortunes ; la preuve que nous sommes plus dans le vrai que Marmont en envisageant ainsi les choses, c'est que jamais Napoléon ne visitait ces champs de carnage sans y répandre ses bienfaits ; il veillait lui-même à ce que les blessés fussent enlevés et portés aux ambulances. Comme personne n'ignorait son habitude, on se fût gardé de mettre de la tiédeur dans les soins à donner aux braves atteints par le fer ou par le feu, et si nous en croyons l'histoire de nos grandes luttes, plus d'un soldat, plus d'un ennemi même, dut son salut à ces touchantes visites de l'Empereur.

D'après Marmont, la bataille de Wagram fut

sans résultat. Elle eut cependant celui d'amener la paix avec l'Autriche et le traité de Presbourg. Peut-on appeler ces conséquences un manque de résultats ? ou bien Marmont avait-il la prétention de faire croire que ce fut lui qui détermina l'Autriche à traiter, à la suite de sa marche sur Znaïm ? telle pourrait bien être l'idée du maréchal, en appelant Wagram une bataille sans résultat.

Le duc de Raguse devrait, selon nous, se montrer d'autant moins sévère pour l'Empereur et pour ses lieutenants, quant à ce qui a rapport à la campagne de 1809, que lui-même, si on en croit les lettres de Napoléon, avait eu besoin d'une certaine indulgence, en deux grandes occasions, pendant cette guerre.

En effet, lors de la marche de l'armée de Dalmatie, Marmont reçut plusieurs lettres de Napoléon et du major-général, dans lesquelles ses dispositions étaient loin d'avoir l'approbation de l'Empereur qui, quoi qu'en dise le maréchal, était bien un peu son maître et celui de beaucoup d'autres, en fait d'art de la guerre. Ces lettres, qui sont jointes au texte du douzième livre des Mémoires, sont des plus curieuses, elles accusent chez Napoléon, à côté d'une juste sévérité, une extrême bienveillance, nous dirons même une certaine faiblesse du grand homme pour son ancien aide de camp. Après lui avoir écrit :
— « Vous avez fait la plus grande faute militaire qu'un

général puisse faire, » Napoléon ajoute plus bas : — « Marmont, vous avez les meilleures troupes de mon armée ; je désire que vous soyez à une bataille que je veux donner, et vous me retardez de bien des jours. » — N'était-ce pas faire entrevoir au duc de Raguse, ce bâton de maréchal qui lui fut accordé par l'Empereur, malgré la faute de Znaïm, faute avouée, du reste, par l'auteur, et sur laquelle nous ne nous appesantirons pas ;

On voit avec peine, dès ses premières relations avec le prince Eugène, le duc de Raguse se montrer partial, malveillant, envers un homme dont le nom a laissé un souvenir glorieux et honorable en France. On pressent l'attaque injuste du maréchal à l'égard du vice-roi, pour les affaires de 1814 (1).

---

(1) On trouvera plus loin une réfutation complète de ce que dit Marmont sur le prince Eugène, à propos de la campagne de 1814. Les preuves de la non-culpabilité du vice-roi sont trop positives pour que le moindre doute soit permis ; mais nous avons dû rechercher la cause qui a pu pousser le duc de Raguse à entacher une des plus belles réputations de l'Empire. Cette cause ne serait-elle pas dans la lettre ci-dessous, écrite à Marmont par le prince Eugène, lettre qui ne se trouve pas dans les pièces annexées aux *Mémoires*, et dont l'original est entre nos mains ?

« Milan, le 22 mai 1808.

« Sa Majesté m'ordonne, Monsieur le général en chef Marmont, de
« vous écrire pour avoir des renseignements détaillés sur ce que sont de-
« venus les fonds que vous avez détournés de la solde des troupes ita-
« liennes et de la marine. La régularité qui existe dans les finances,
« tant en France qu'en Italie, ne permet pas que des sommes soient ainsi
« détournées de leur destination, sans l'ordre du ministre. Sa Majesté me
« prescrivant de lui faire un rapport à ce sujet, je désire que vous me
« mettiez à même de remplir les ordres de Sa Majesté. »

La fin du livre xii⁰ contient, sur les affaires d'Espagne et sur la bataille de Talaveyra, une critique amère et faite avec une grande légèreté. Le duc de Raguse prétend que cette bataille a été livrée inutilement; or, cette bataille fut tout simplement livrée par Joseph, parce qu'elle devint une conséquence de la marche forcée du duc de Dalmatie sur l'armée anglaise; parce que le roi, pressé de retourner sur ses pas, afin de tenir tête à l'armée espagnole, ne pouvait s'éloigner sans essayer de battre d'abord Wellington. Si le maréchal Soult, au lieu de manquer, dans cette circonstance, à tous ses devoirs, eût marché franchement sur lord Wellington, ainsi qu'il en avait l'ordre du roi, ainsi que cela avait été convenu formellement, l'armée anglaise aurait été anéantie. Qu'on en juge par le court exposé suivant que nous empruntons aux *Mémoires du roi Joseph*, écrits sur des documents irrécusables (1) :

« Le maréchal Soult, avec son armée de cinquante mille hommes, reçut ordre, le 24 juillet 1809, de se porter sur Placencia; cependant il ne fit commencer le mouvement que le 27 et par le 5⁰ corps seulement, au lieu de le faire exécuter au 2⁰ et au 6⁰. Ces deux derniers se mirent en route le 30 et le 1ᵉʳ août, sept jours perdus, dans une circonstance où la célé-

---

(1) Ces documents sont: les *Mémoires inédits de Jourdan* et des pièces officielles.

rité était le plus sûr garant d'un succès éclatant ! Le 5 août seulement, quoique la distance de Salamanque où se trouvait Soult, à Placencia, point indiqué, ne fût que de *vingt-cinq lieues*, le 5 août, c'est-à-dire douze grands jours après l'ordre reçu, l'armée du maréchal commença à déboucher. »

La bataille de Talaveyra était livrée, et cependant la nouvelle seule de la marche de Soult força lord Wellington à se mettre en retraite, et cependant, au pont de l'Arzobisbo, si le duc de Dalmatie eût mis plus de vigueur dans ses opérations, on eût encore pu détruire les Anglais. Que fût-il donc arrivé si le maréchal arrivait à temps à Talaveyra, ainsi que Joseph devait le croire et en avait la promesse formelle. Les *Mémoires du roi Joseph*, les documents qu'ils renferment, entre autres la curieuse relation du général Desprès sur la campagne de Talaveyra, l'*Histoire du Consulat et de l'Empire*, ne peuvent plus laisser de doute sur ce point historique qui se trouve aujourd'hui complétement expliqué. Nous nous croyons donc fondés à dire que le duc de Raguse montre une grande légèreté, en écrivant sur des *on dit*, que cette bataille fut donnée sans calcul et avec la plus grande inutilité.

— « Joseph, dit Marmont, qui savait à *jour fixe* le moment de l'arrivée de Soult. »

Cela eût été vrai si Soult avait tenu ses promesses et exécuté les ordres reçus; mais on a vu plus haut quelle conduite il tint dans cette circonstance. Il est assez curieux de penser que le duc de Raguse reproche ici au roi d'Espagne un fait qui lui fut reproché à lui-même, avec bien plus de vérité, deux années plus tard, lors de la bataille des Arapiles. En effet, Soult fit pour Joseph l'inverse de ce que Joseph fit pour Marmont. Soult ne marcha pas au secours de Joseph, qui fut obligé de combattre seul l'armée anglaise placée dans une bonne position défensive, tandis que Joseph marcha au secours de Marmont qui, pour gagner seul une bataille, n'attendit pas l'arrivée du roi et fut battu. Mais nous reviendrons en temps et lieu sur cette affaire des Arapiles.

Continuons l'examen du troisième volume.

Les deux derniers livres sont entièrement consacrés aux Provinces Illyriennes. Marmont rendit dans ces Provinces des services éclatants, et Napoléon lui en témoigna plusieurs fois sa satisfaction. Il les quitta pour venir à Paris, jouir d'un congé à la suite duquel il fut envoyé en Espagne pour prendre le commandement en chef de l'armée du Portugal.

C'est là où nous allons le retrouver.

## IV.

Lorsqu'on a été à même d'étudier avec un peu de soin nos campagnes d'Espagne, on est stupéfait de constater l'excessive légèreté avec laquelle le duc de Raguse a écrit la partie de ses Mémoires qui a trait à cette guerre, et son injustice révoltante à l'égard du frère de l'Empereur. Chaque phrase pourrait être contredite, preuve en main.

Le maréchal, qui était d'un caractère bienveillant, se montre tellement peu lui-même dans son œuvre posthume, que l'on se ferait difficilement une idée de l'homme en le jugeant sur ses écrits. Ainsi, on assure (chose difficile à croire) qu'il aimait et estimait beaucoup le roi Joseph, et cependant il est envers lui partial et ingrat.

Essayons de jeter un peu de lumière sur le quatrième volume de ces Mémoires, en faisant ressortir les principales faussetés historiques qu'il renferme.

Marmont, avant d'aborder la partie de la guerre d'Espagne qui lui est plus spéciale, c'est-à-dire l'époque de son commandement de l'armée du Portugal, se croit obligé de faire un résumé écrit sur des *on dit*, plutôt que sur des documents certains.

Après avoir exposé, avec talent, la situation politique de l'Espagne, il arrive à la malheureuse capitulation de Baylen, et, fort satisfait, sans doute, de trouver un motif pour donner carrière à des habitudes dénigrantes, il résume ainsi cette affaire :

— « Le désastreux événement de Baylen, où *l'incapacité* dans la conduite des troupes fut encore surpassée par la *lâcheté*, le *pillage*, le *brigandage*, etc. »

Or, voici ce qu'on lit à propos de ce triste événement dans un ouvrage écrit d'après les Mémoires du maréchal Jourdan qui, lui aussi, était un peu compétent, et surtout plus impartial que Marmont :

— « Lorsque ensuite on se trouva en mesure de faire une attaque générale, on échoua, parce qu'on avait essuyé des pertes déjà considérables, et que les soldats étaient *harassés par la fatigue, la chaleur et la soif. Ils firent néanmoins des prodiges de valeur.* Les régiments de chasseurs culbutèrent plusieurs bataillons *et prirent des drapeaux.* L'infanterie ne combattit pas moins vaillamment ; mais, malgré les plus grands efforts des généraux, des officiers et des soldats, on ne put percer la ligne de l'ennemi. »

Si donc il y a eu des fautes commises par les généraux Dupont et Védel dans la conduite des troupes, nous demanderons sur quoi s'appuie le duc de Raguse pour délivrer gratuitement à nos soldats, dans cette circonstance, un brevet de lâcheté ? Quant au *pillage* et au *brigandage* dont parle encore Marmont, qu'entend-il par ces deux graves accusations (1)?

Un peu plus loin, l'auteur dit : « L'armée anglaise, commandée par sir *John Moore*, après avoir reconquis Lisbonne, déboucha du Portugal. » Il y a là une erreur historique. Ce n'était pas sir John Moore qui commandait l'armée anglaise quand cette armée a reconquis le Portugal, mais bien sir Arthur Wellesley. Ce fut ce dernier qui conclut la convention de Cintra. Rappelé ensuite en Angleterre, il eut pour successeur sir John Moore.

L'armée anglaise, d'après Marmont, aurait été détruite à la retraite de la Corogne, si elle eût été poursuivie avec vigueur par le duc de Dalmatie. En s'en rapportant aux historiens anglais et français qui ont écrit cette page de nos guerres d'Espagne, on voit que les troupes de sir John Moore perdirent, dans cette retraite, chevaux, bagages et matériel; que cette armée arriva à la Corogne, pour s'embarquer, à la suite de marches forcées et en laissant derrière elle une grande partie de son monde. Il n'est

---

(1) Un mot, dans le septième volume de Marmont, nous explique ce qu'il entend, ici, par pillage et brigandage. D'après le duc de Raguse, qui parle de ce fait sans donner de preuves, Dupont aurait signé la capitulation pour sauver les richesses fruit de ses dévastations.

Sur quoi s'appuie l'auteur pour avancer un fait de cette gravité? Sur rien. Habituellement, on n'admet une infamie de cette nature que preuve en main. Le duc de Raguse, lui, l'admet tout simplement parce qu'il l'a entendu dire. Sans la phrase du septième volume, à l'époque du ministère de Dupont, jamais, quant à nous, nous n'eussions compris les mots de pillage et de brigandage du quatrième volume, relativement à l'affaire de Baylen.

donc pas juste de reprocher au maréchal Soult son peu de vigueur dans une opération dont le résultat fut la désorganisation complète de l'armée anglaise et son embarquement précipité (1). La mémoire du duc de Dalmatie est déjà bien assez entachée de fautes impardonnables commises par lui dans la Péninsule, sans qu'on la charge de méfaits dont il ne fut pas coupable.

Le duc de Raguse commet une nouvelle erreur, à propos de l'expédition d'Andalousie, en attribuant la détermination prise par le roi Joseph au maréchal Soult. Il résulte des documents irrécusables qui se trouvent dans les *Mémoires du roi Joseph :*

1° Que le roi, après la victoire d'Ocana, eut l'idée de la conquête de l'Andalousie ;

2° Qu'il s'en ouvrit à Napoléon, et que ce dernier évita de répondre, laissant, par son silence, son frère libre de passer la Sierra-Morena ou de renoncer à cette expédition (2) ;

---

(1) On peut consulter, à cet égard, M. Thiers, Napier, et, dans les *Mémoires du Roi Joseph*, plusieurs rapports curieux faits par des officiers anglais.

(2) M. Thiers dit que Napoléon *consentit* à cette expédition. Il résulte, au contraire, des rapports de Soult à Berthier, que Napoléon ne répondit rien, et que le Roi, malgré l'avis de son major-général, se décida à commencer l'expédition. (*Mémoires du Roi Joseph*, tome VII, pages 291 et 212). Une chose même fort remarquable, c'est que, dans une longue lettre à Berthier, en date du 11 janvier, Napoléon donne des instructions pour toutes les troupes en Espagne, et ne parle pas de l'armée directe aux ordres de son frère. Ce n'est que le 31 janvier, c'est-à-dire un mois après la dépêche par laquelle Soult fait connaître les intentions de Joseph, que l'Empereur se décide à prononcer le nom de l'Andalousie, en écrivant au

3° Que le maréchal Soult, alors major-général de Joseph, ne consentit à faire les préparatifs de cette campagne que sur un ordre écrit du roi.

Marmont n'est pas plus vrai, en attribuant à Joseph (qui, assure-t-il, *recevait* des hommages à Séville, tandis que le duc d'Albuquerque occupait Cadix), en attribuant à Joseph la faute de n'avoir pas enlevé Cadix. Le duc de Dalmatie fut le seul coupable. En effet, dans une réunion de généraux tenue à Carmona, la question de la marche sur Cadix fut agitée, l'avis de se rendre maître de Séville, *avant tout*, prévalut, et le maréchal Soult s'écria : « *Qu'on me réponde de Séville, je réponds de Cadix* (1). »

D'après Marmont, l'armée anglaise, après le mouvement de Masséna pour entrer en Portugal, le 15 septembre 1810, aurait fait sa retraite, sans combattre, sur Viseu et sur Coïmbre. Cela n'est pas exact. Lord Wellington, supposant que le prince d'Essling marcherait sur Lisbonne par la direction la plus courte, s'était posté sur la rive gauche de *l'Alva*, en arrière de *Ponte-de-Murcel*, son front couvert par plusieurs ouvrages de campagne. Masséna, pour ne

---

major-général. Il *n'approuve pas*, il *ne blâme pas* l'expédition ; il se borne à donner des conseils de détail. On voit que Napoléon, contrairement à ses habitudes, ne voulut pas se prononcer.

L'illustre historien du Consulat et de l'Empire a probablement été induit en erreur par cette lettre de Napoléon à Berthier, en date du 31 janvier 1811.

(1) *Mémoires du Roi Joseph.* Thiers, *Consulat et Empire.*

pas être obligé d'attaquer son adversaire dans une position aussi forte, suivit le chemin qui conduit directement à Coïmbre, par la droite du Mondégo.

Nous arrivons, maintenant, à l'époque où le duc de Raguse remplaça le prince d'Essling dans le commandement de l'armée du Portugal. Afin de mettre en relief tout son mérite, afin qu'on puisse admirer sa conduite et sa volonté, Marmont débute par un parallèle entre les ressources de l'ennemi et les siennes. La position fâcheuse, la désorganisation des troupes qu'on lui laisse, forment un triste contraste, dans son récit, avec la position, l'excellente organisation, les ressources de toute sorte dont son ennemi dispose. Cela était vrai; mais comme il lui faut toujours une victime, il ajoute, en parlant de Joseph :
« Le roi, qui dormait tranquillement à Madrid, à l'ombre de nos baïonnettes, était en guerre ouverte avec les armées françaises. Loin de faciliter leurs opérations, il les contrariait sans cesse; il mettait obstacle à leurs mouvements; il leur enlevait les vivres dont elles avaient besoin, et faisait argent des ressources qui leur étaient destinées. »

Voilà, on en conviendra, un roi bien mal avisé ou un écrivain bien osé ! Quand on jette sur un homme du caractère de Joseph un tel vernis, on prouve la vérité des accusations. Or, si nous rapprochons les dates, nous trouvons :

— Que Marmont prit le commandement de l'armée de Portugal dans les premiers jours de mai, après la bataille de Fuentès de Onoro, et que ce roi, qui *dormait à Madrid, parti* le 23 avril 1811 pour la France, se trouvait alors en route sur Paris. Il y arrive le 15 mai, en repart le 27 juin, et rentre à *Madrid* le 15 juillet seulement de la même année.

Comment concilier ce voyage avec l'accusation portée par le duc de Raguse? Du reste, le maréchal, pendant tout le temps qu'il fut à la tête de l'armée du Portugal, se chargea bien d'empêcher le roi de dormir.

Ces quelques phrases incidentes résument en partie la série de reproches adressés au frère aîné de l'Empereur par Marmont. Nous allons mettre en regard de chacun d'eux des preuves, des documents authentiques, qui diront mieux que nous ne pourrions le faire comment le maréchal entendait la vérité historique :

1° — « Le roi dormait à Madrid à l'ombre des baïonnettes françaises : »

Depuis son avénement au trône d'Espagne et son entrée à Madrid, les lettres de Joseph à Napoléon, au major-général et aux chefs des différentes armées, prouvent qu'il ne reste pas un seul jour sans chercher à éclairer les deux premiers sur la véritable situation des affaires en Espagne, sans correspondre, pour les affaires intérieures et pour les opérations militaires, avec les derniers. Forcé d'évacuer Madrid après la capitulation de Baylen, il se retire sur l'Ebre pour attendre des renforts et l'arrivée de l'Empereur; de retour dans sa capitale, il la quitte bientôt pour combiner une opération contre l'armée anglaise à laquelle il livre la bataille de Talaveyra. La campagne est manquée grâce à la désobéissance du duc de Dalmatie et à la singulière conduite de ce maréchal. Il revient à Madrid pour en sortir presqu'aussitôt et se jeter sur l'armée espagnole qu'il bat à Ocana. A la suite de cette belle victoire, Joseph se décide à brusquer la conquête de l'Andalousie ; il franchit la Sierra-Morena, s'empare de Séville; puis, voyant qu'il ne peut porter la conviction dans le cœur de son frère, il entreprend le voyage de Paris ; revenu une fois encore, en juillet 1811, à Madrid, Joseph est prêt à abdiquer la couronne, parce qu'il reconnaît l'impossibilité de rien faire de bon dans ce pays, par suite du système adopté par son frère. Mais alors les cartes sont brouillées avec la Russie, une expédition gigantesque dans le nord de l'Europe est imminente, il fait à la France et à Napoléon le sacrifice de sa tranquillité, de son bonheur, et reste à la tête des affaires. Nommé au commandement en chef de toutes les forces militaires dans la Péninsule, il cherche inutilement à faire exécuter les ordres de Napoléon par les généraux qui, placés à la tête des diverses armées, lui refusent tous leur concours à commencer par Marmont. Il lutte contre une épouvantable disette. Lorsque le duc de Raguse est menacé par lord Wellington, *seul*, avec le faible corps sous ses ordres directs, il vole à son secours. Le duc de Raguse, dans l'espoir de gagner sans l'aide du roi une bataille sur les Anglais, ne l'attend pas, se fait battre aux Arapiles et compromet l'armée du Centre. Joseph se replie sur Madrid qu'il est forcé d'évacuer devant les forces trop considérables de l'ennemi. Il se hâte de rallier Suchet à Valence, appelle à lui l'armée d'Andalousie de Soult, reprend l'offensive après avoir pardonné au duc de Dalmatie sa conduite, et rentre une fois encore à Madrid, pour se mettre presqu'immédiatement à la poursuite des Anglais qu'il atteint près de Salamanque.

Est-ce là la conduite d'un roi fainéant, endormi dans sa capitale à l'ombre des baïonnettes françaises ? Est-ce là le fait d'un homme en guerre ouverte avec les armées françaises ?

Ah ! si le duc de Raguse avait dit que le frère de l'Empereur était souvent en guerre avec les *chefs* des armées françaises, il eût été plus dans le vrai. Mais à qui la faute ? qu'on lise les Mémoires du roi Joseph, et on reconnaîtra : que pas un seul de ces généraux ne voulait lui obéir. Tous, mus par divers sentiments, lui refusaient même ce qu'il demandait au nom de l'Empereur et pour obéir aux ordres de Napoléon. Chacun voulait être indépendant, Marmont le premier. Chacun vivait dans la province qu'il occupait sans s'inquiéter des provinces voisines, sans se soucier de la cause générale. Les uns voulaient être indépendants par ambition, le duc de Raguse, les autres par intérêt, le duc de Dalmatie. Nous ne citons que les deux principaux lieutenants des armées françaises en Espagne ; de droite et de gauche, agissaient d'une façon analogue des généraux placés dans des conditions identiques.

Voilà la vérité sur les affaires militaires de la Péninsule.

2° — « Loin de faciliter leurs opérations, il les contrariait sans cesse; il mettait obstacle à leur mouvement. »

Si Marmont eût voulu parler franchement, il eût dit : que les généraux français en Espagne, loin de faciliter les opérations ordonnées par Napoléon, opérations que Joseph voulait exécuter, les contrariaient, mettant obstacle à tous les mouvements : exemples, Soult à Talaveyra, Marmont depuis son retour à Tolède après le ravitaillement de Ciudad-Rodrigo jusqu'aux Arapiles.

3° — « Il (Joseph) leur enlevait les vivres dont elles avaient besoin, et faisait argent des ressources qui leur étaient destinées. »

A ce propos, donnons quelques extraits des lettres adressées par Joseph à Marmont, à Napoléon et à Berthier en 1812.

Le 10 mai, le roi écrivait à Berthier : « Je ne pourrais pas aider l'armée de Portagal par les ressources des provinces fertiles, puisqu'elles sont administrées par des hommes qui ne reconnaissent pas mon autorité..... L'armée du Centre n'a que la garnison de Madrid et de Ségovie : ces provinces, ainsi que celle d'Avila, ont beaucoup fourni à l'armée du Portugal ; elles sont les plus pauvres de l'Espagne. »

Le 24 mai, au même... — « Tous les militaires qui viennent de l'armée du Portugal, m'ont parlé de l'état de cette armée ; ils m'ont assuré que la solde est arriérée d'un an, qu'elle a des besoins de toute espèce ; elle a été beaucoup aidée par la province d'Avila. De Madrid, on envoie tout le biscuit que l'on possède, mais il faut le remplacer et rien ne se fait sans argent.... On continuera à faire fournir tout ce qu'on pourra aux armées du Portugal et du Midi.... Il serait urgent que l'Empereur me fît envoyer une quantité de décorations pour les armées, et surtout pour celle du Portugal. »

Le 25 juin, au même... « J'ai reçu l'avis du mouvement du duc de Raguse sur Almaraz. On a envoyé à Almaraz tout ce que l'on avait à Madrid. »

Le 17 juillet, à Napoléon... « Ces provinces sont

épuisées par l'armée du Portugal et les insurgés. »

Le 18 juillet, au duc d'Istrie... « Je vous prie de m'écrire s'il ne serait pas possible de faire vendre dans le nord, en argent, aux enchères, 20 millions de réaux de biens nationaux, dont la moitié serait applicable aux besoins de votre armée et l'autre moitié serait envoyée à Madrid, où nos besoins sont grands, l'armée du Portugal occupant ou épuisant les meilleures provinces. »

Le 20 juillet, à Napoléon... « N'ayant aucuns fonds disponibles, je ne puis lever des troupes du pays, et, faute de troupes, je ne puis faire rentrer les blés que les Anglais achètent et que les insurgés enlèvent de force. Les provinces d'Avila, d'Estramadure, de Talaveyra sont épuisées par l'armée du Portugal. »

Le 26 juillet, à Marmont... « Je viens de donner l'ordre pour qu'il soit prélevé, sur la contribution extraordinaire que je lève en grains, la quantité de 20,000 fanègues en août et 20,000 en septembre, qui seront versées dans les magasins de l'armée du Portugal. Je trouve aussi très-bien que vous fassiez usage de toutes les contributions en argent dues par la province de l'Estramadure... »

Le 30 juillet, à Berthier... « Je fais fournir à l'armée du Portugal tout le biscuit, les munitions dont on peut disposer, les caissons... »

Le 6 août, à Berthier... « J'ai assigné sur les

revenus de ce Partido, 20,000 fanègues à l'armée du Portugal, autant sur la province d'Avila et la totalité de celle d'Estramadure. »

Le 10 août, à Marmont... « J'espère que vous avez été satisfait des dispositions que j'ai prises pour venir, autant que possible, à votre secours dans la pénible position où nous nous trouvons. »

Le 10 août, à Berthier... « J'ai reçu les lettres par lesquelles V. E. presse de plus en plus pour le départ des troupes de l'armée du Midi et du Portugal. Voici l'état de celles qui partiront aujourd'hui, et de celles qui partiront avec le trésor qui nous est annoncé dans cinq jours. »

Le 20 août, à Marmont... « La plus grande partie des détachements isolés de l'armée du Portugal, qui se trouvaient encore à Madrid, sont déjà partis pour rejoindre leurs corps ; le reste, avec le train, les munitions et ce que nous pourrons vous fournir, partira demain... »

Le 24 août, à Berthier... « J'ai fait donner à cette armée (celle de Marmont), la batterie de réserve de l'armée du Centre, l'artillerie de celle du Portugal ne pouvant être prête assez tôt.... La province de Tolède va se trouver peu garnie de troupes, après avoir été exaspérée par l'armée du Portugal qui a tenté d'enlever la totalité des récoltes ; la province d'Avila est dans le même état.... Sans argent, sans territoire, sans troupes, sans autorité, comment l'opinion peut-elle longtemps entourer un homme ? Une seule chose me console, je n'ai pas mérité un pareil sort ; mais ce qui ne me console pas, c'est que l'Empereur use inutilement ses forces en Espagne, tandis qu'avec peu de moyens on pourrait tout terminer. »

Le 27 août, à Berthier... « J'ai fait envoyer à cette armée (celle du Portugal), tout ce qu'il a été possible de lui donner de celle-ci (celle de Joseph) ; ses détachements doivent être arrivés à cette heure. »

Le 31 août, à Berthier... « L'armée du Portugal traite trop mal la province de Tolède ; elle n'a rien à ordonner dans la ville de Tolède. Le maréchal Marmont vient cependant, à mon insu, d'imposer une contribution de quatre millions de réaux. Toutes les dispositions prises par moi se trouvent par là détruites, car il est impossible que je puisse rien pour le bien du pays et la pacification intérieure, avec un tel ordre de choses. »

Lettre du 1<sup>er</sup> septembre à Marmont, lettre qui se trouve tout entière dans l'ouvrage du maréchal (IV<sup>e</sup> volume, page 227).

Le 5 septembre, à Berthier..... « On ne me rend compte de rien, et je n'apprends les dispositions d'administration et de législation que l'on a faites, que par les plaintes et le mécontentement des peuples.

« Les mesures prises par le duc de Raguse sont une nouvelle preuve de cette vérité. On exaspère les peuples sans profit. Il frappe une contribution de quatre millions de réaux, au moment même qu'il quitte la province de Tolède ; je n'en suis pas même prévenu, et la province de Tolède s'étend jusqu'aux portes de Madrid, et la province de Tolède est presque en totalité occupée par ma garde, par les régiments espagnols !.... La seule publicité donnée à ce décret du duc de Raguse, a détruit le peu de bien qui restait encore dans cette province de l'impression favorable opérée par mon retour. Quelle confiance peuvent prendre en moi les gens raisonnables de la ville de Tolède, à voir ce conflit monstrueux d'autorité, cet oubli de toutes les convenances à mon égard, de la part du duc de Raguse ?..... Je crois avoir fait pour l'armée du Portugal tout ce qu'il est humainement possible de faire. »

Le 14 septembre, à Marmont.... « Outre les provinces d'Estramadure, d'Avila, le Partido de Talaveyra, vous verrez, par un autre décret du 11 septembre, que je me suis déterminé à mettre sous votre autorité et à affecter exclusivement à l'entretien de l'armée du Portugal, une partie de la province de Tolède qui vous fournira beaucoup de ressources.... Je donne les ordres les plus précis pour que mes agents civils et militaires obéissent en tout aux ordres que vous ferez donner dans la partie de la province de Tolède assignée à l'armée du Portugal, dans celle d'Avila, Estramadure et le Partido de Talaveyra. »

Le 21 septembre, à Berthier... « Les fonds destinés à l'armée du Portugal, partent demain pour Talaveyra.... »

Le 1ᵉʳ octobre, à Berthier... « Ce matin, sont partis pour l'armée du Portugal, les deux mille hommes arrivés avec le maréchal Jourdan. »

Le 22 octobre, à Berthier... « Le reste du 26ᵉ de chasseurs a rejoint l'armée du Portugal depuis quelques semaines. »

Le 29 octobre, à Napoléon... (Après lui avoir exposé sa situation et comme résumé). « L'armée du Portugal cerne Madrid au midi, la peste vers Murcie, l'insurrection vers l'Aragon. »

Nous pourrions citer trente lettres du même genre; nous croyons inutile de le faire. Nous pensons avoir prouvé suffisamment la fausseté des assertions du duc de Raguse, relativement aux intentions et aux faits du roi d'Espagne.

Continuons l'examen critique du quatrième volume.

Marmont se plaît à exposer l'organisation, très-bonne en effet, qu'il donna à son armée. Seulement il y a lieu de s'étonner, que dans le texte de son ouvrage, il ne dise pas que toutes les mesures qu'il prit alors lui furent indiquées par l'Empereur. Il vante ensuite l'esprit de bonne camaraderie qu'il montra envers Soult, en coopérant à la levée du siége de Badajoz ; rien de mieux ; mais s'il eût agi autrement, il eût tout simplement, ce nous semble, manqué à ses devoirs et désobéi aux ordres formels de l'Empereur. Cela ne ressort-il pas de la dernière partie de la lettre du major-général, en date du 27 mai, qui précède celle du 3 juin ? Le maréchal Soult n'agit pas de même à l'égard de l'armée du Portugal ; désireux de retourner en Andalousie, il sacrifia les intérêts généraux à son intérêt particulier, cela est positif ; sa conduite est blâmable, celle de Marmont l'eût été également s'il eût imité ce déplorable exemple trop souvent renouvelé pendant cette triste guerre d'Espagne.

Un peu plus tard, Marmont et Dorsenne réunis, ravitaillèrent Ciudad-Rodrigo ; mais, au lieu de profiter de leur supériorité pour livrer bataille à l'armée anglaise, ils se séparèrent, commettant la double faute de céder à un esprit de rivalité fâcheuse, et de laisser dans la place un équipage de siége qui bientôt tomba aux mains de lord Wellington.

Nous trouvons, à huit pages d'intervalle, un singulier exemple de contradiction impliquant peu de véracité chez le duc de Raguse. Page 50, il dit : « Nous avions du grain en abondance, les moissons étaient sur pied, etc.... » Page 58 : « L'état de pénurie dans lequel nous étions, décida cependant l'Empereur à ajouter à l'arrondissement de l'armée du Portugal la province de Tolède... »

Le roi Joseph, qui (nous l'avons prouvé par sa correspondance relatée plus haut) sacrifiait toutes ses ressources à l'armée du Portugal, ayant résisté quelque temps à ce qu'on lui enlevât l'argent et les vivres qu'on pouvait tirer de cette province de Tolède, Marmont s'écrie : « Joseph, bien plus occupé *de ses intérêts* et de ses jouissances du moment que du grand résultat, etc.... » Joseph occupé de ses jouissances ! à une époque où, comme il le dit lui-même, la peste et la famine étaient aux portes de Madrid ; dans un moment où son frère lui enlevait toute son autorité morale, sans se préoccuper de la ridicule position qu'on lui faisait, et alors que Napoléon refusait même de lui laisser abdiquer cette funeste couronne d'Espagne, qu'il n'avait pas sollicitée, et qui lui pesait au front...

« Joseph, continue le duc de Raguse, avait, il est vrai, d'étranges illusions ; car il prétendait que nous seuls l'empêchions de régner en Espagne, et que, sans nous, les Espagnols lui obéiraient avec plaisir. » — Voilà qui est assez difficile à admettre. Rien, dans la volumineuse correspondance du frère de l'Empereur, n'indique une pareille ineptie.

Le roi Joseph, homme de bon sens s'il en fut, se

plaignait qu'on diminuât son autorité morale ; il prétendait que la déconsidération qu'on affectait à son égard ne pouvait qu'être fort nuisible aux intérêts de la France dans la Péninsule, et il croyait qu'un peu plus de douceur, un peu moins de dureté à l'égard des Espagnols, eût été un bien. Il affirmait qu'en tenant perpétuellement au-dessus de la tête d'un peuple fier et brave, comme une épée de Damoclès, la menace d'un démembrement de provinces, on perpétuait la haine du nom français. Voilà ce qui ressort, à chaque ligne, de sa correspondance avec l'Empereur ; avait-il tort ? Les événements n'ont-ils pas, malheureusement, donné à ses paroles prophétiques une preuve trop éclatante de la justesse de ses vues ?...

Marmont se loue lui-même de ses relations avec ce prince et il cherche à jeter sur lui un vernis de ridicule ? C'est là une singulière façon de reconnaître de bons procédés !... Un peu plus loin, il raconte que Joseph lui a répété que Napoléon redoutait ses talents militaires et en était jaloux. A qui le duc de Raguse pourra-t-il faire croire de semblables absurdités ? N'est-ce pas le cas de dire : « Qui veut trop prouver, ne prouve rien. »

Lorsque Marmont se décida à opérer le ravitaillement de Ciudad-Rodrigo, de concert avec le général Dorsenne, il demanda au roi d'Espagne de faire relever, dans la vallée du Tage, ses troupes par quelques détachements de l'armée du Centre ; — « mais, selon son usage, ajoute-t-il, le roi n'en fit rien. » — Il n'en fit rien ! mais le pouvait-il ? Le passage suivant d'une lettre écrite par le roi au major-général, en date du 6 septembre, répond à cette question : — « Je n'ai pas de troupes. Que l'Empereur donne l'ordre au duc de Dalmatie de me renvoyer les troupes à mon service, ou bien qu'on m'envoie un ou deux bataillons des troupes espagnoles qui sont en France. » — Ainsi donc, à l'époque où Marmont demandait à Joseph de faire des détachements de son armée dans la vallée du Tage, cette prétendue armée était réduite à tel point, que le roi sollicitait *deux* bataillons ?... Qu'on juge, après cela, de ce qu'il y a de vrai dans le mauvais vouloir dont le duc de Raguse accuse ce malheureux prince, roi sans États, sans argent, sans vivres et sans armée ?...

Marmont se rendit à Madrid, auprès de Joseph, à la fin de 1811. Il représente le roi s'abandonnant avec insouciance à la mollesse de ses mœurs, et dominé par son penchant pour la volupté. — Or, à l'époque où le duc de Raguse fut à Madrid, la disette était telle dans cette ville, que chaque jour des centaines de malheureux mouraient de faim, que le roi avait fait briser sa vaisselle pour nourrir le peuple, qu'on ne fabriquait plus d'autre pain que du pain de munition, et qu'on n'en servait pas d'autre à sa propre table. Comment concilier ces faits si positifs avec les amplifications du duc de Raguse?

Qu'on juge, par les lettres suivantes, écrites le 24 décembre 1811, c'est-à-dire précisément à l'époque du voyage de Marmont à Madrid, de l'existence sardanapalesque de Joseph en Espagne :

— « Sire, ma position est tellement empirée par une foule de circonstances indépendantes de la volonté de Votre Majesté, sans doute, que je me détermine à la mettre sous ses yeux, en la priant d'entendre le général Ornano, porteur de la présente, qui a vécu assez près de moi, à Madrid, pour la connaître.

« Je suis, aujourd'hui, réduit *à Madrid*. Je suis entouré de la plus horrible misère. Je ne vois que des malheureux autour de moi. Les principaux de mes fonctionnaires sont réduits à n'avoir pas de feu chez eux. *J'ai tout donné, tout engagé*, je suis moi-même tout près de la misère. Que Votre Majesté me permette de rentrer en France, ou qu'elle me fasse payer exactement le million par mois qu'elle m'a promis, à dater du 1er juillet : avec ce secours, je puis me *traîner* ; sans cela, je ne puis prolonger mon séjour ici, et je serai embarrassé à faire même mon voyage. J'ai épuisé toutes mes ressources. »

Et dans une autre lettre du même jour :

— « ... J'ai engagé, à Paris, pour un million de biens; à Madrid, le peu de diamants qui me restaient... Je ne veux entrer dans aucun détail affligeant; Votre Majesté doit me croire, lorsque je me permets d'écrire de la sorte. »

Marmont, un peu plus loin, raconte à sa manière un fait malheureux, mais qui ne fut pas sans gloire. Un jeune officier général, du plus grand mérite et de la plus grande énergie, Girard, qui se fit tuer à la tête de ses troupes à la bataille de Ligny, envoyé à Cacerès, non pas, comme le dit le duc de Raguse, par le maréchal Soult, mais par le général Drouet d'Erlon, commit la faute de se mal garder, de se laisser surprendre et entourer par douze mille Anglais, à Aroyo de Molinos. Sommé de mettre bas les armes, il répondit en s'ouvrant de vive force un passage à travers les troupes du général Hill, bien qu'il n'eût avec lui qu'une seule brigade; et, sans perdre une aigle, il parvint, après quatre jours de combats, à rallier le général Drouet d'Erlon. Voici comment le duc de Raguse résume ce brillant fait d'armes : — « Ainsi, cette opération, mauvaise en elle-même, devint *honteuse* (1) par la manière dont elle fut

---

(1) Où Marmont trouve-t-il la *honte* dans cette affaire? Ce fut encore ce même *Girard*, et non *Gérard*, comme il le dit dans son cinquième volume, qui, en 1813, à Lutzen, blessé de trois balles à la tête de sa division, refusa de se laisser enlever du champ de bataille, et prononça ces belles paroles relatées au *bulletin* de la bataille : « C'est ici que tout ce qui a le cœur vraiment français, doit vaincre ou mourir. » On trouve dans le testament de Napoléon : « 100,000 francs aux enfants du *brave* général Girard. »

exécutée. » — Dans l'opuscule laissé après sa mort, le maréchal d'Erlon dit : — « Le général Rémon ayant exécuté son mouvement sur Modelin, tout le poids de l'attaque des troupes anglaises, fortes de douze mille hommes environ, se porta sur la seconde brigade, qui fut entièrement coupée de sa ligne d'opération et forcée à combattre corps à corps... A son retour, mon chef d'état-major (envoyé à l'armée anglaise) me dit qu'il avait été accueilli d'une manière distinguée ; que les Anglais faisaient le plus grand éloge du courage et des talents qu'avaient déployés le général Girard et ses troupes, etc. »

Napoléon ôta à Girard son commandement en Espagne, mais pour lui en donner immédiatement un autre plus important à la Grande Armée ; et, plus tard, parlant du jeune général, il s'exprime ainsi sur son compte : « Il avait éminemment le feu sacré, il m'aurait remplacé Lannes. » Après Waterloo, au moment où il rentrait à l'Élysée, Napoléon, apercevant la baronne Girard, lui dit : « Madame, votre mari s'est surpassé ; si tous les généraux avaient agi comme lui, je ne serais pas ici. »

En lisant les Mémoires du duc de Raguse, ne dirait-on pas qu'il a pris avec lui-même l'engagement de ne pas laisser debout une seule des gloires de notre armée ?

Encore un fait du même genre : Parlant de la reddition de Ciudad-Rodrigo, il dit : — « Mais le général Dorsenne, de qui cette place dépendait, en avait confié le commandement au général Barrié, détestable officier, sans résolution et sans surveillance.... Le général Barrié, attaqué, ne fit aucune disposition raisonnable... avec une défense si misérable, si peu en rapport avec tous les calculs, il n'y avait pas une *chance pour arriver à temps au secours de* la place. »

Voici maintenant comment le maréchal Jourdan, parfaitement en position de bien connaître les choses, puisqu'il était major-général du roi Joseph, rend compte de ce fait dans ses Mémoires : — « Malgré la *vivacité du feu de la place*, la seconde parallèle fut achevée dans la nuit du 16 au 17. Le 19, deux brèches avaient été pratiquées, l'une d'environ 100 pieds de large, l'autre de 30 pieds. Lord Wellington fit sommer le général Barrié, gouverneur : « Sa majesté l'Empereur, répondit *ce brave officier*, m'a confié le commandement de Ciudad-Rodrigo; moi et ma garnison sommes résolus à nous ensevelir sous ses ruines.... » Le 19, à sept heures du soir, les colonnes d'assaut sortirent des tranchées et se portèrent sur les divers points d'attaque. Les assiégés montrèrent beaucoup de fermeté et de résolution.... La chute si prompte de Ciudad-Rodrigo étonna tout le monde et causa un vif mécontentement à l'Empereur. On blâma la conduite du général Barrié. Cet officier général, cependant, attaqué par plus de *quarante mille* hommes, n'avait que *trois mille* hommes de garnison au commencement du siége. Il attendit l'ennemi sur la brèche, que pouvait-il faire de plus ?

Le maréchal Suchet, qui a laissé un si beau nom comme militaire et comme écrivain, ne paraît pas avoir plus que les autres collègues du duc de Raguse, trouvé grâce à ses yeux. Sans parler du portrait peu flatté qu'il donne du duc d'Albuféra, voici comment Marmont raconte la prise de Valence, qui fit tant d'honneur au vainqueur de Tarragone : — « Le mouvement du général Montbrun dans la Manche, avait été superflu, et la défense des Espagnols devant Valence, misérable. La prétendue bataille livrée pour cerner la ville, se composa de deux charges de cavalerie faites par le 4$^e$ de hussards et le 13$^e$ de cuirassiers. Toute l'armée de Blacke se débanda, et la ville de Valence ouvrit ses portes après avoir soutenu un simulacre de siége. »

Le rapport officiel de Suchet sur cette brillante affaire, dans laquelle son armée perdit près de six cents hommes, la joie que Napoléon manifesta en apprenant la prise de Valence, permettent de n'être pas entièrement de l'avis dénigrant du duc de Raguse.

Vers le milieu de 1811, l'Empereur, qui préparait

tous ses moyens d'action pour porter la guerre sur la Vistule, fut obligé d'enlever à l'Espagne une partie de ses meilleures troupes. Le duc de Raguse, sans parler des grands intérêts que Napoléon allait avoir dans le nord de l'Europe, se hâte de blâmer cette mesure, comme aussi celle du détachement ordonné au général Montbrun pour aller au secours de Suchet. Mais ce qu'il ne dit pas, c'est que les troupes de l'armée du Portugal destinées à faire partie de ce détachement, devaient être très-peu nombreuses, d'après les instructions de l'Empereur, et ce sur quoi Marmont glisse fort légèrement, c'est que lui-même avait désiré marcher avec une partie de son armée pour soutenir Suchet. Le duc de Raguse avait soif de gloire.

Voici comment le maréchal Jourdan apprécie cette affaire :

« Le roi saisit la nécessité de faire une diversion en faveur du maréchal Suchet, et il avait même songé à se porter de sa personne sur Cuença, en emmenant avec lui les troupes de l'armée du Centre, qu'il aurait fait remplacer dans leurs positions par des détachements de l'armée du Portugal, depuis deux mois dans la plus parfaite inaction sur les bords du Tage ; mais le maréchal Marmont s'était *refusé* à seconder ce mouvement et avait déclaré à Joseph que, quand même il lui en donnerait l'ordre, il ne lui obéirait pas (1). Cependant, après ce refus, soit qu'il ait reçu des ordres de Paris, soit qu'il ait pris sur lui de seconder le maréchal Suchet, afin de partager du moins la gloire de la conquête de Valence, il avait formé un détachement de trois mille hommes de cavalerie, commandé par le général Montbrun.

« Ce mouvement, qui aurait été excellent comme le roi l'avait conçu un mois plus tôt, n'avait plus les mêmes avantages à la fin de décembre. »

On va juger, maintenant, par ce qui suit, du degré de confiance qu'il est possible d'accorder à ce que dit le duc de Raguse. Pour cela, nous n'aurons qu'à mettre en regard de sa narration sur les affaires terminées par la bataille des Arapiles, certains documents historiques dont Marmont se garde bien de parler, quoique beaucoup, pour ne pas dire tous, aient été connus de lui.

Lord Wellington fait, le 3 juin 1812, une première démonstration offensive; Marmont resserre ses cantonnements, et, *le 15 du même mois* (cette date est donnée par le maréchal lui-même), il écrit au général Caffarelli, qui avait remplacé le général Dorsenne dans le nord, et au roi Joseph, pour que

---

(1) Et que l'on ne croie pas que ceci est raconté par Jourdan sans preuve à l'appui, ainsi que le fait Marmont dans ses Mémoires ; la correspondance qui établit ces faits existe ; on la trouve dans les Mémoires de Joseph.

des secours soient mis en marche sans perdre un seul moment.

« J'accablais, dit-il, le général Caffarelli de mes lettres et de mes demandes ; je le sommais d'exécuter les dispositions arrêtées par l'Empereur ; mais, après m'avoir fait de magnifiques promesses, il baissait chaque jour de ton et trouvait toujours de nouveaux prétextes pour ne faire aucun effort en ma faveur, etc.

« *Je crus que le roi connaîtrait mieux ses devoirs et les intérêts de la défense qui lui était confiée, et je m'adressai à lui avec persévérance.*

« L'armée du Centre pouvait former une division de cinq à six mille hommes d'infanterie. Elle avait une forte cavalerie, belle et instruite ; entre autres une division, commandée par le général Treilhard, qui était inoccupée dans la vallée du Tage. Après mille sollicitations, mille prières, mille demandes motivées sur des faits qui n'étaient pas susceptibles de discussions, il me fit répondre, par le maréchal Jourdan, une lettre ainsi conçue... »

Suit la lettre de Jourdan, en date du 30 juin, lettre que Marmont donne *in extenso;* mais il passe sous silence la plupart de beaucoup d'autres dépêches qui ont une bien autre portée historique et que nous allons faire connaître (1).

---

(1) *Mémoires du Roi Joseph*, tome VIII, de la page 36 à la page 55.

Le 18 juin, le général d'Erlon mande au roi Joseph qu'il désire exécuter ses ordres; mais il prévoit que ces ordres vont être en contradiction avec ceux qu'il reçoit de son chef immédiat, le maréchal Soult.

Le même jour, Joseph écrit à Marmont. On trouve dans sa lettre les passages suivants :

— « J'espère que, si le général Hill s'est réuni au gros de l'armée ennemie, le comte d'Erlon aura suivi le mouvement et qu'il arrivera bientôt dans la vallée du Tage. Je ne saurais supposer que le duc de Dalmatie *n'exécutera pas les ordres formels* que je lui ai donnés à cet égard et que j'ai si souvent réitérés. J'espère aussi que le comte Caffarelli vous enverra quelques secours. Je viens d'envoyer ordre aux troupes qui sont dans la Manche de venir sur le Tage; *je les réunirai à celles qui sont sous le commandement* du général Treilhard, ce qui formera un petit corps d'environ quatre mille hommes, qui agira avec les troupes de l'armée du Midi, sous les ordres du comte d'Erlon.

« Je conçois que si le général Hill est réuni au gros de l'armée anglaise, le succès pourrait être incertain, si vous combattez seul; je pense donc que, dans ce cas, vous devez manœuvrer de manière à éviter de livrer bataille avant l'arrivée des troupes du comte d'Erlon et de celles que j'ai demandées au duc d'Albuféra. Si les ordres que j'ai donnés à ce maréchal et au duc de Dalmatie sont exécutés, le succès est certain. Il ne faudrait donc pas se compromettre par trop de précipitation. — Vous devez éviter de combattre aussi long-temps que cela vous sera possible, afin d'attendre les secours qui, sans doute, arriveront. Je viens de réitérer, à cet égard, mes ordres au duc d'Albuféra et au duc de Dalmatie, et je vais les réitérer au général Caffarelli. »

Ainsi, cette lettre, *du dix-huit*, prouve déjà que le roi, alors général en chef des armées françaises en Espagne, en recevant, *le dix-huit juin*, la lettre de Marmont, n'a rien eu de plus pressé que d'envoyer, le même jour, des ordres pour que les troupes des armées du Midi, du Centre, du Nord et de l'Aragon portent secours à celle du Portugal. Sur quoi donc sont fondés les reproches adressés à Joseph par le duc de Raguse?

Mais continuons l'examen de cette correspondance, de laquelle ressort, d'une façon si nette, la fausseté des assertions contenues dans ces Mémoires.

Le 19 juin, Joseph écrit au ministre de la guerre, Clarke, pour lui dire que : dans la nuit, il a été instruit, par une lettre du duc de Raguse, datée de Salamanque le 14, que l'armée anglaise, en masse, a passé l'Agueda le 12; qu'il avait renouvelé les ordres donnés au duc de Dalmatie, concernant le corps du comte d'Erlon ; il ajoute : — « *J'ai, en même temps, donné des ordres pour rassembler sur le Tage les troupes de l'armée du Centre qui sont dans la Manche.* J'ai écrit au maréchal Suchet de s'avancer, de sa personne, à Cuença, avec un corps assez considérable, pour couvrir le centre et agir suivant les événements. Vous trouverez copie de ma lettre à ce maréchal. J'ai renouvelé, d'un autre côté, au général Caffarelli, les ordres que je lui avais donnés pour secourir l'armée du Portugal. »

Que pouvait donc faire de plus le roi Joseph, et pourquoi le duc de Raguse s'acharne-t-il, avec tant de mauvaise foi, à accumuler fausseté sur fausseté contre le frère aîné de l'Empereur, comme il le fait, un peu plus loin, contre le fils adoptif de Napoléon? Quel intérêt si grand a-t-il pour chercher à ternir la mémoire honorable de ces deux hommes? Marmont ignorait, alors, sans doute, l'existence des documents qui le condamnent; sans cela, il eût mis plus de réserve dans ses accusations. Son dernier ouvrage et sa mémoire y eussent gagné.

Le même jour, 19 juin, Joseph écrit au général Caffarelli, et, dans sa lettre, on trouve le passage suivant :

— « J'espère que, d'après mes ordres *précédents* et les instances *réitérées* du duc de Raguse, vous avez fait marcher, pour le soutenir, toutes les troupes dont vous avez pu disposer. Vous avez, sans doute, senti que le moyen le plus sûr de défendre les provinces qui sont sous votre commandement, c'est de battre l'armée anglaise, etc. — Si, cependant, vous n'aviez fait aucune disposition, quand vous recevrez la présente, pour soutenir le duc de Raguse, je vous *réitère l'ordre formel* de marcher, sur-le-champ, avec toutes les troupes que vous pourrez réunir. »

Le 21 juin, nouvel ordre au comte d'Erlon de marcher avec ce qu'il a et avec tout ce qui est sous le commandement du général Darricau, de se rapprocher du centre, de passer le Tage et de se mettre en état d'agir sans attendre *aucun ordre.*

Le 30 juin, Joseph écrit au maréchal Soult, et va jusqu'à lui prescrire de remettre son commandement au général d'Erlon, s'il refuse d'obtempérer aux injonctions qui lui sont faites. « Les événements, lui dit-il, ont assez justifié les mesures que j'avais prises et prouvé l'erreur dans laquelle vous êtes sur les véritables projets des Anglais. Vous avez pu vous tromper; mais si vous avez formellement défendu au comte d'Erlon de passer le Tage, dans le cas où les Anglais, qui sont en Estramadure, se porteraient sur la rive droite de ce fleuve, pour se joindre au gros de l'armée ennemie, vous avez donné au comte d'Erlon des ordres contraires à ceux que j'ai donnés à vous et à lui-même ; vous avez mis votre autorité au-dessus de la mienne; vous ne me reconnaissez pas comme commandant des armées en Espagne. »

Le 2 juillet, le roi informe le ministre de ce qui se passe :

— « Je suis loin, dit-il, d'approuver la conduite du général Caffarelli; ses craintes sur les projets des Anglais me paraissent exagérées, et en les supposant fondées, il devait faire céder toute considération au grand intérêt de mettre l'armée du Portugal en mesure de battre l'armée anglaise. — Le maréchal Suchet, de son côté, a répondu le 19 juin aux ordres que je lui avais donnés le 29 mai, en m'envoyant copie d'une lettre de M. le prince de Neuchâtel, dont il s'appuie pour se refuser à se conformer aux premières instructions qui lui enjoignaient de couvrir Madrid. »

Le 6 juillet, il s'adresse au maréchal Soult :

Après l'avoir mis au courant de la défense et de la reddition de Salamanque, de l'intention manifestée par le duc de Raguse, d'aller à la rencontre de sept à huit mille hommes de renforts annoncés par le général Caffarelli, le roi ajoute : — « Dans l'état actuel des choses, sans nouvelles du comte d'Erlon, instruit que les secours promis par le général Caffarelli n'étaient point partis de Vittoria le 25 juin, et ne partiront pas, *ne pouvant disposer, pour marcher avec moi, que d'un si petit nombre de troupes que c'est à peine une escorte*, je me détermine à vous donner l'ordre précis de faire partir sur-le-champ et de diriger sur Tolède un corps de dix mille hommes, et je regarde l'exécution de la disposition que je vous confie comme la plus importante de toutes, et je lui subordonne tout autre considération, etc. »

Le 17 juillet, nouvelle dépêche au ministre de la guerre, elle contient ce qui suit :

« J'avais fait les dispositions suivantes : Le général Caffarelli a reçu l'ordre *le 3 juin*, d'envoyer sa cavalerie et son artillerie au secours de l'armée du Portugal, j'ai ordonné *le 29 mai* au maréchal Suchet, d'envoyer, conformément aux instructions du major-général, une division de six mille hommes pour protéger le centre. Le duc de Dalmatie a eu l'ordre, *dès le 7 mai*, de porter le corps du comte d'Erlon à dix-huit mille hommes, et de lui prescrire de battre le corps du général Hill, ou au moins de le suivre et de passer le Tage, si le général anglais tentait de se réunir au gros de l'armée ennemie. Si les ordres eussent été exécutés, l'armée anglaise ne serait pas où elle est : Aucun ne l'a été. Le général Caffarelli m'écrit qu'il a une expédition sur les côtes de la Biscaye, et il n'a rien envoyé. Le maréchal Suchet répond par la copie d'une autre du major-général, qui lui prescrit d'employer les forces qui sont sous ses ordres à la défense des provinces qui font partie de son commandement et il a fait mettre cette lettre à l'ordre du jour de son armée. Le duc de Dalmatie non-seulement n'a pas obéi, mais il a défendu aux 4,500 hommes de renfort qu'il a envoyés au comte d'Erlon, de suivre son mouvement s'il passait la Guadiana. Il offre sa démission plutôt que d'exécuter mes ordres. Messieurs les généraux en chef ont-ils des instructions particulières? Je n'ai rien à leur reprocher; mais alors, je remets à l'Empereur le commandement qu'il m'a confié. N'en ont-ils pas? Ils sont coupables et je demande leur rappel. Faites parvenir cette lettre à S. M. I., et faites-moi connaître le plus tôt possible ses intentions. »

Voilà le prince faible, énervé, ne s'occupant que de ses plaisirs, enseveli dans la volupté, dont parle le duc de Raguse dans ses Mémoires?

Le 18 juillet, nouvelle lettre au ministre :

« Monsieur le duc, je viens de recevoir la nouvelle que la division Palombini se rend aux ordres que je lui ai donnés. *J'attends avec impatience son arrivée pour me porter au secours de l'armée du Portugal.* J'ai donné l'ordre aux troupes de l'armée de l'Aragon qui se trouvent dans la province de Cuença de me rejoindre; mais jusqu'ici, je ne puis me flatter qu'ils soient exécutés. Toutefois, je partirai *sans elles*, dès que la division italienne sera arrivée. Le peu de troupes de l'armée du Centre est réuni aux environs de Madrid ; la cavalerie doit être demain à Naval-Carnero. Toutes les provinces du centre sont évacuées et même les positions de Sommo-Sierra et Buytrago. Je n'eusse pas été réduit à ces fâcheuses extrémités, si le général en chef de l'armée du Nord eût obéi aux ordres que je lui ai donnés si souvent de se réunir à tout prix à l'armée du Portugal, en abandonnant momentanément les projets qui exigent des garnisons, comme je viens de le faire. »

Le 21 juillet, Joseph écrit encore à Clarke :

« Monsieur le duc, les troupes de l'armée du Centre s'étant concentrées après l'évacuation de la Manche et des provinces de Cuença et d'Avila, et la division italienne n'étant pas arrivée, j'ai formé un corps de quatorze mille hommes, en y comprenant cette division, *avec laquelle je pars pour aller joindre l'armée du Portugal.* — Après cette réunion, je compte être en mesure de combattre l'armée anglaise, et de tenter, avec quelques probabilités de succès, le sort d'une affaire décisive, etc. »

Le même jour, 21 juillet, le roi mande au duc de Raguse, qu'ayant perdu l'espérance de le faire secourir, il a pris le parti d'évacuer toutes les provinces du centre, ne laissant de garnison qu'à Madrid, à Tolède et à Guadalaxara, et qu'il part le soir même. Il lui donne avis de ce qu'il compte faire et de l'itinéraire qu'il doit suivre.

Voilà l'homme que le duc de Raguse accuse; voilà l'armée dont il ose écrire : « Ainsi, l'armée *du Centre refusait tout secours!* (1) »

Que fait Marmont, lui qui jette si facilement le blâme sur les autres? Il n'attend ni la cavalerie de l'armée du Nord, ni les troupes de Joseph. Afin de ne pas se trouver sous les ordres du roi, après la réunion de ses troupes avec celles de ce prince, il se hâte de livrer bataille, *la veille du jour* où il doit recevoir du renfort; il perd cette bataille; il est blessé, et enlevé par ses soldats, il s'écrie, dans son orgueil risible, en parlant des Anglais vainqueurs : « Je prononçai, à haute voix, ce vers de Racine dans *Mithridate :*

Et mes derniers regards ont vu fuir les Romains!

Puis, ce qui est moins plaisant, il compromet le sort de l'Espagne, laisse la petite armée du roi dans une très-fausse et très-délicate position, et il distrait, de ses propres régiments, la plupart des compagnies d'élite pour s'en faire une escorte d'honneur, au milieu de laquelle il s'avance, en triomphateur, dans quelques villes d'Espagne, faisant tirer le canon à son passage et se faisant rendre des honneurs comme s'il venait de remporter plusieurs grandes victoires!...

(1) *Mémoires du duc de Raguse*, IVe volume, page 123.

Il est vrai qu'il prétendit ensuite n'avoir pas eu connaissance de la marche de l'armée du Centre. Malheureusement pour sa cause, on trouva chez le général Sarrut, qui commandait une des divisions de l'armée du Portugal, un des billets écrits par Joseph, et dans lequel ce prince annonçait sa marche (1). Malheureusement encore, Joseph lui avait envoyé jusqu'à six et sept émissaires pour le prévenir. Le moyen de croire que pas un ne lui est arrivé? Le moyen d'admettre qu'il n'a pas eu connaissance du contenu de la lettre trouvée chez le général Sarrut? Après cela, le duc de Raguse s'étonne que l'Empereur n'ait pas approuvé sa conduite; il crie à l'injustice, il se plaint d'avoir été maltraité, méconnu, il dirait volontiers trahi? Napoléon ne prit pas le change, il blâma vertement ses dispositions et comprit le motif qui l'avait poussé à agir seul. Il lui pardonna et lui confia bientôt un autre commandement. C'était agir en roi; Marmont, dans ses Mémoires, n'agit pas en gentilhomme, car il déguise la vérité et cherche à jeter de l'odieux sur des hommes dont les sentiments étaient plus haut placés que les siens (2).

(1) *Mémoires du Roi Joseph.*
(2) Si l'on trouve dures nos réflexions, on comprendra cependant qu'il est difficile, après avoir eu connaissance de toute la correspondance citée plus haut, de lire, sans en être indigné, à la page 141, tome IV des *Mémoires de Raguse*, ces mots : « *Cependant Joseph avait changé d'avis* SANS M'EN PRÉVENIR, et avait réuni huit mille hommes d'infanterie et trois mille chevaux, pour venir me joindre, etc. »

Heureusement pour Joseph, pour Eugène et pour bien d'autres, la fausseté d'une partie de l'œuvre posthume du maréchal est facile à démontrer, en s'appuyant sur des documents dont personne ne saurait, aujourd'hui, récuser la vérité.

Rien ne donne mieux une idée exacte de l'orgueil incommensurable, et quelquefois presqu'amusant, du duc de Raguse, que ce qu'il dit de la manœuvre qui a précédé cette bataille des Arapiles. Voici, toutefois, comment le maréchal Jourdan apprécie cette grande manœuvre, dont Marmont parle dans plusieurs circonstances :

« On a beaucoup vanté le spectacle imposant qu'offraient les deux armées marchant parallèlement, et souvent à demi-portée de canon l'une de l'autre ; mais on n'a pas dit pourquoi le duc de Raguse ne saisit pas cette occasion pour engager une affaire générale. En passant le Douro, il se croyait, sans doute, en état de livrer bataille, et en avait l'intention, sans quoi il ne serait pas excusable d'avoir abandonné sa position défensive pour venir braver l'armée ennemie. — Le duc de Raguse donnera, sans doute, quelque jour, des explications satisfaisantes ; mais s'il alléguait pour motif la disproportion de sa cavalerie avec celle de l'ennemi, on serait en droit de lui reprocher de n'avoir pas attendu celle de l'armée du Nord. »

Nous trouvons, au sujet de cette bataille et de

cette campagne de Marmont, une de ces contradictions comme il en existe beaucoup dans son ouvrage.

Volume IV<sup>e</sup>, page 149, il dit : « Je vis l'Empereur dès *le lendemain de son arrivée. Il me reçut très-bien.* »

Volume VI<sup>e</sup>, page 283 : « Son chef (lui Marmont, chef de l'armée du Portugal) est digne d'intérêt à plus d'un titre, et la première preuve *que je reçois de celui de Napoléon, est de subir un interrogatoire* et d'être l'objet d'une enquête. »

Il est vrai que le duc de Raguse, on peut le remarquer, a, dans son ouvrage, l'habitude de parler en raison des besoins de la cause. La cause qu'il défend, dans neuf volumes, c'est la sienne. A la fin des affaires d'Espagne, il fallait bien dire aux lecteurs que la bataille des Arapiles était un petit chef-d'œuvre militaire, et que Napoléon avait trouvé ses opérations bonnes; de même qu'après 1814, il devenait urgent de prouver que Napoléon avait toujours été partial, injuste à son égard. Dans un plaidoyer aussi considérable, l'avocat a bien pu se mettre en contradiction avec lui-même.

Le fait réel, c'est que, d'une part, l'Empereur fut très-mécontent du duc de Raguse (ainsi que cela ressort de la lettre de Moscou, en date du 2 septembre 1812, lettre que nous allons transcrire, parce qu'elle ne se trouve pas dans les Mémoires de Marmont), et que, d'une autre, Napoléon, qui montra toujours un grand faible pour son ancien aide de camp, avait trop de bonté de cœur pour lui tenir rancune.

Voici les parties les plus saillantes de la lettre écrite par l'Empereur, sous l'impression du rapport de Marmont :

« Monsieur le duc de Feltre, j'ai reçu le rapport du duc de Raguse sur la bataille du 22. Il est impossible de rien lire de plus insignifiant ; il y a plus de fatras et plus de rouages que dans une horloge, et pas un mot qui fasse connaître l'état réel des choses.

« Voici ma manière de voir sur cette affaire et la conduite que vous devez tenir.

« Vous attendrez que le duc de Raguse soit arrivé, qu'il soit remis de sa blessure et à peu près entièrement rétabli. Vous lui demanderez alors de répondre catégoriquement à ces questions :

« Pourquoi a-t-il livré bataille sans les ordres de son général en chef ? »

« Placé, par les dispositions générales de l'armée, à Salamanque, il était tout simple qu'il se défendît s'il était attaqué ; mais puisqu'il avait évacué Salamanque de plusieurs marches, pourquoi n'en a-t-il pas instruit son général en chef ?

« Pourquoi n'a-t-il pas pris ses ordres sur le parti qu'il devait suivre, subordonné au système général de nos armées d'Espagne ? »

. . . . . . . . . . . . . .

Et comment pouvait-il sortir de la défensive pour prendre l'offensive, sans attendre la réunion et le secours d'un corps de quinze à dix-sept mille hommes ?

Le roi avait ordonné à l'armée du Nord d'envoyer sa cavalerie à son secours ; elle était en marche.

Le duc de Raguse ne pouvait l'ignorer, puisque cette cavalerie est arrivée le soir de la bataille.

En faisant coïncider ces deux circonstances, d'avoir pris l'offensive sans les ordres de son général en chef, et de n'avoir pas retardé la bataille de deux jours pour recevoir quinze mille hommes d'infanterie que lui amenait le roi et quinze cents chevaux de l'armée du Nord, on est fondé à penser que le duc de Raguse *a craint que le roi ne participe au succès, et qu'il a sacrifié à la vanité la gloire de la patrie et l'avantage de mon service* (1).

. . . . . . . . . . . .

« Vous ferez connaître au duc de Raguse, en temps opportun, *combien je suis indigné de la conduite inexplicable qu'il a tenue*, en n'attendant pas deux jours que les secours de l'armée du Centre et de l'armée du Nord le rejoignissent. »

---

(1) Certes, l'orgueil dont le duc de Raguse fait preuve dans ses Mémoires, est de nature à ne laisser aucun doute sur la justesse des appréciations de l'Empereur.

## V.

Dans tout le cours du cinquième volume, consacré exclusivement à la campagne de 1813, le maréchal Marmont ne cesse de faire, selon l'habitude qu'il a adoptée dans son ouvrage, la critique la plus amère de la conduite et même des conceptions stratégiques de Napoléon. Nous ne le suivrons pas sur ce terrain, il y aurait trop à dire la plupart du temps, et, d'ailleurs, l'Empereur est suffisamment abrité par son immense génie. Nous sommes loin de vouloir admettre en principe l'infaillibilité du grand capitaine, mais nous doutons qu'où il a pu se tromper, un autre eût fait mieux, cet autre se fût-il appelé le duc de Raguse.

Nous nous contenterons de faire une observation sur ce cinquième volume et de relever une erreur grave commise par l'auteur, et qui prouve une fois de plus la vérité de l'observation que nous avons déjà faite à propos des volumes précédents, c'est que cet ouvrage a été écrit par Marmont, avec une grande légèreté au point de vue historique.

Voici l'observation :

Pages 275 et 276, le duc de Raguse raconte une

longue conversation qu'il eut avec Napoléon et dans laquelle ce dernier aurait fait la distinction de ce qu'il appelait l'*homme d'honneur* et *l'homme de conscience*. « Vous, par exemple, aurait ajouté l'Empereur, si l'ennemi ayant envahi la France et étant sur la hauteur de Montmartre, vous croyiez, même avec raison, que le salut du pays vous commande de m'abandonner et que vous le fissiez, vous seriez un bon Français, un brave homme, un homme de conscience, et non un homme d'honneur. »

Ne semble-t-il pas que, dès ce moment, Marmont prépare la défense de la trahison dont il fut accusé pour l'affaire d'Essonne ? Ne semblera-t-il pas à tout le monde, qu'en rapportant cette singulière conversation, il plaide déjà les circonstances atténuantes ?

Maintenant, voici le fait historique :

Marmont attribue aux fautes de l'Empereur l'abandon de Vandamme en Bohême, et le désastre qui accabla ce malheureux général à Kulm, le 30 août 1813. Ces fautes sont :

1° De n'avoir pas fait appuyer le premier corps d'armée par le corps de la garde impériale qui, d'abord placé en soutien à Pirna et sur la route de Peterswalde, sous Mortier et Nansouty, ne prirent aucune part aux combats des 29 et 30 août :

2° D'avoir quitté Pirna et d'être revenu à Dresde

sans prévenir les maréchaux chargés de poursuivre l'ennemi, et de s'être ainsi tenu trop éloigné du théâtre des opérations pour en diriger l'ensemble :

3° D'avoir subitement changé ses dispositions en apprenant la défaite de Macdonald sur la Katzbach, et de n'avoir pas informé Vandamme du changement de ses résolutions. (Pages 169 et 170.)

Tous ces reproches, il faut les reconnaître, ne sont malheureusement que trop fondés ; voyons si ceux que l'auteur adresse au maréchal Gouvion-Saint-Cyr le sont également (1).

« Il convient maintenant, dit le maréchal Mar-
« mont (pages 167 et 168), d'examiner quelle in-
« fluence a eue le maréchal Saint-Cyr sur cet évé-
« nement. Il pouvait en diminuer la gravité, et il
« n'est pas exempt de reproches. *Il suivait Kleist,*
« *et arriva à Ebersdorf. C'est de la hauteur en*
« *avant de ce poste qu'il vit l'événement du* 30. S'il
« est arrivé le 29, il est coupable de n'avoir pas des-
« cendu le plateau et de ne s'être pas joint à Van-
« damme ; s'il n'est arrivé que le 30 au matin, il ne
« pouvait pas déboucher ; mais alors il est coupable
« d'avoir perdu de vue Kleist. En le suivant l'épée
« dans les reins, il l'arrêtait, et la route de Peters-

---

(1) Nous tenons cette rectification historique de M. le baron Gay de Vernon, qui vient de publier, chez Didot, un ouvrage du plus grand mérite sur la vie du maréchal Gouvion Saint-Cyr.

« walde restait libre au général Vandamme, et peut-
« être même l'enchaînement des circonstances au-
« rait pu, Vandamme battu et se retirant, entraîner
« la perte de Kleist. »

Cette accusation du maréchal Marmont, repose sur une confusion de noms propres et sur la supposition d'un fait matériellement faux ; et l'on est étonné de trouver des erreurs de ce genre chez un homme de guerre aussi éminent et qui devait avoir une connaissance exacte des lieux dont il s'agit. Or, si ce rapprochement des dates et l'indication jour par jour des mouvements opérés par les sixième et quatorzième corps d'armée, démontrent que Saint-Cyr n'était pas arrivé à *Ebersdorf* et ne pouvait y arriver ni le 29 août, ni le 30 août, il sera superflu de démontrer que ce n'est pas de la hauteur en avant de ce poste qu'il a vu l'événement du 30 août, et qu'ainsi il ne pouvait pas plus descendre du plateau d'Ebersdorf, où il n'était pas, que se joindre à Vandamme dans la plaine de Tœplitz.

Le 28 août à la pointe du jour, la grande armée alliée, battue devant Dresde, faisait ses derniers préparatifs de retraite ; les Autrichiens avaient opéré la leur pendant la nuit précédente, et découvert par ce mouvement précipité la gauche des Russes et des Prussiens demeurés dans leurs positions de la veille. L'armée russo-prussienne avait reçu de Schwartzemberg l'ordre de se replier sur Tœplitz par Dohna, Giesshubel et Peterswalde ; mais Barklay de Tolly, qui la commandait, craignant de rencontrer Vandamme que l'Empereur avait fait si judicieusement déboucher de Kunigstein sur la route de Peterswalde, dirigea sur Altenberg le gros de l'armée russe par Dippoldiswalde, les Prussiens de Kleist et la réserve du grand-duc Constantin par Maxen.

Le 29 au matin, Saint-Cyr, poursuivant Kleist et le prince Constantin, les chassait de leur position en avant de Maxen et dépostait de Cunnersdorf un corps prussien de deux mille chevaux et de quinze cents hommes d'infanterie. L'ennemi gagnait avec rapidité la route d'Altenberg et résistait partout, grâce à sa supériorité numérique, à sa nombreuse cavalerie et à l'élévation graduelle des montagnes frontières de la Bohême qui lui présentaient à chaque pas d'excellentes positions défensives. Arrivé au débouché des bois d'Ober-Frauendorf, Saint-Cyr rencontra inopinément sur la droite, les troupes de Marmont qui venaient de Dippoldiswalde et avaient ordre d'aller prendre position à Falkenhain, sur la route d'Altenberg. Il était impossible d'engager deux corps d'armée, le 6e et le 14e, dans l'étroit défilé d'Altenberg ; Saint-Cyr laissa son avant-garde sous le général Pajol avec le 6e corps, arrêta le mouvement de ses divisions d'infanterie, s'établit à Rheinards-Grimme et envoya demander à Berthier si l'intention de l'Empereur était que le 14ᵉ corps prît aussi la direction d'Altenberg.

L'Empereur et Berthier avaient quitté Pirna depuis la veille, sans prévenir les maréchaux Marmont et Saint-Cyr que c'était à Dresde et non à Pirna qu'il fallait envoyer leurs rapports; ce ne fut donc que le 30 au matin que le major-général répondit à Saint-Cyr.

« Je reçois votre lettre datée de Rheinhards-
« Grimme, par laquelle vous me faites connaître que
« *vous vous trouvez derrière le 6ᵉ corps. L'intention*
« *de S. M. est que vous appuyez le 6ᵉ corps;* mais il
« serait préférable que vous pussiez trouver un che-
« min sur la gauche, entre le corps du duc de Ra-
« guse et le corps du *général Vandamme qui a ob-*
« *tenu de grands succès sur l'ennemi et lui a fait*
« 2,000 *prisonniers* (Dresde, le 30 août 1813). »

Cet ordre fut apporté à onze heures et demie, et à midi, toute l'infanterie du 14ᵉ corps était en route sur la communication de Glasshütte à Lauenstein, situé à gauche du défilé d'Altenberg occupé par Marmont et conduisant directement à la position où se trouvait le général Vandamme; la cavalerie de Pajol, rappelée d'Altenberg, pressa sa marche pour venir rejoindre la tête du corps d'armée. Chemin faisant, on ramassait beaucoup de traînards appartenant aux troupes de Kleist et du grand-duc Constantin ; au milieu du défilé de Glasshüte, Saint-Cyr entendit une canonnade assez vive qui lui fit supposer que Vandamme était aux prises avec l'ennemi ; il ordonna donc à ses généraux de hâter la marche de leur infanterie autant qu'on le pourrait, et se porta en avant de ses troupes avec sa seule escorte composée d'un peloton de gardes d'honneur et d'une compagnie du 7ᵉ de lanciers. C'est de la hauteur immédiatement en arrière de Lauenstein, qu'il a vu, vers la chute du jour, non le combat de Kulm, ainsi que le prétend le maréchal Marmont, mais les troupes débandées du 1ᵉʳ corps d'armée, qui venaient de succomber sous les coups des armées russe et prussienne. La division de cavalerie de Pajol et deux bataillons du 14ᵉ corps ne tardèrent pas à rejoindre Saint-Cyr ; ils prirent position sur le plateau et arrêtèrent la poursuite de l'ennemi : l'infanterie n'arriva qu'à la tombée de la nuit. Le lendemain, Saint-Cyr se replia sur Dittersdorf où il campa avec son corps d'armée et les débris du corps de Vandamme : ce jour-là, Marmont se mettait sur la défensive à Altenberg (1).

(1) Tout ceci nous est confirmé par l'officier de cavalerie commandant l'escorte du général Pajol, et qui fut envoyé en reconnaissance par le général avec quelques hussards et lanciers du colonel Tanski. Cet ancien officier apprit la nouvelle du désastre de Kulm par quelques blessés trouvés, à l'entrée de la nuit, au milieu d'un bois de sapins. Le 14ᵉ corps n'avait donc pu venir en aide à celui de Vandamme.

Le 1er septembre, l'Empereur écrivait de Dresde à Saint-Cyr :

« Ce malheureux Vandamme, qui paraît s'être tué, « n'avait pas laissé une sentinelle sur les montagnes, « ni une réserve nulle part ; il s'était engouffré dans « un fond, sans s'éclairer en aucune façon. S'il avait « eu seulement quatre pièces de canon et quatre ba- « taillons sur les hauteurs en réserve, tout ce mal- « heur ne serait pas arrivé. Je lui avais donné l'or- « dre positif de se retrancher sur les hauteurs, d'y « camper son corps, et de n'envoyer en Bohême que « des partis pour inquiéter l'ennemi et avoir des « nouvelles... »

Si le maréchal Saint-Cyr avait eu sur les événements de Kulm la funeste influence que lui impute le maréchal Marmont, s'il avait été coupable de négligence ou de retards dans la poursuite de Kleist, certes l'Empereur, qui ne le gâtait pas, lui aurait témoigné son mécontentement, mécontentement qui, fût-il injuste au fond, aurait été excusable à l'annonce d'un désastre aussi complet que celui de Vandamme. Mais Napoléon, exactement instruit des opérations de l'ennemi en face de Marmont et de Saint-Cyr, savait que le corps de Kleist, venant d'Alt-Geissing près d'Altenberg, avait campé, le 29, à Furstenwalde ; il devait donc déboucher sur la route de Peterswalde, le 30 à midi. Or, dès le 29, Saint-Cyr était placé derrière Marmont, et, quelle que fût sa diligence, en marchant par sa gauche sur Lauenstein, il ne pouvait pas avoir franchi, le 30, à midi, les défilés de Glasshüte. Lorsque Saint-Cyr est arrivé à Lauenstein et à Liebenau, la défaite de Vandamme était consommée, Vandamme était prisonnier et son corps d'armée revenait en pleine déroute.

La distance de Liebenau à Kulm est de *quatre lieues*; celle de Liebenau à Ebersdorf est de *trois lieues;* mais à une lieue et demie en arrière de Liebenau, on rencontre le village de DITTERSDORF : Saint-Cyr y établit son quartier général, le 31 août, et y campa avec son corps d'armée et les débris du corps de Vandamme.

Le maréchal Marmont s'est fié trop souvent à la sûreté de sa mémoire : c'est une précieuse faculté contre laquelle cependant il faut sans cesse se tenir en garde lorsqu'on raconte ses propres actions à la guerre, et, à plus forte raison, lorsqu'il s'agit de celles des autres généraux. Il s'est donc mal souvenu de ce qui se passait à sa gauche pendant les journées des 29, 30 et 31 août 1813 ; et, trompé par la ressemblance des noms, il a pris *Dittersdorf*, qui est à six lieues de Kulm, pour *Ebersdorf* qui effectivement en est peu éloigné. En bon camarade et n'étant pas fâché de blâmer la conduite de son voisin, il a reproché à Saint-Cyr d'avoir vu sans bouger le désastre de Vandamme. Malheureusement, ce qui paraît le plus coûter au maréchal Marmont, c'est l'esprit de justice envers ses camarades; porté à la plus haute dignité militaire un peu grâce à la faveur impériale, il les dénigre avec une sorte de satisfaction qui fait peine à voir. L'éloge de ses compagnons d'armes est le seul trésor dont le maréchal Marmont se soit montré avare.

Encore une observation : les ouï-dire tiennent trop de place dans ces Mémoires. Nous lisons à la page 165 :

« Le général Gersdorff, général saxon, m'a déclaré
« formellement que n'ayant pas quitté un moment
« le palais de *Dresde* pendant les journées des 28 et
« 29 août, il avait la certitude absolue que Napoléon
« n'était pas sorti de Dresde ces jours-là. »

Eh bien! dans le manuscrit de 1813 du baron Fain, nous trouvons (page 297) : « Le quartier im-
« périal allait entrer à Pirna pour y passer la nuit
« (28 août). Tout est contremandé. On décide l'Em-
« pereur à monter dans sa voiture; on le ramène
« à Dresde. »

Le maréchal Saint-Cyr, dans sa relation de la campagne de Saxe, dit que, « le 28 août, le général
« Pajol, en arrivant sur les hauteurs de Leubnitz,
« trouva Napoléon qui rectifia ce qu'avait d'inintelli-
« gible un ordre donné peu d'heures auparavant par
« le major-général, et l'infanterie du 14ᵉ corps chan-

« gea de direction pour suivre celle de la cavalerie
« de Pajol (page 116). » Puis Saint-Cyr ajoute
(p. 120) : « La cavalerie de mon corps d'armée ve-
« nait de prendre position sur l'emplacement aban-
« donné par les Russes, quand Napoléon y arriva ; il
« me donna l'ordre de rappeler sur la hauteur mon
« infanterie que je commençais à diriger sur Pirna...
« Je dus, d'après ses ordres, m'avancer dans la di-
« rection de Gausche et ensuite par les hauteurs en-
« tre la route de Dresde à Dippoldiswalde et le ruis-
« seau de Lockewitz... »

Ainsi l'Empereur a passé la journée du 28 août
sur le terrain des opérations entre Dresde et Pirna ;
le général Gersdorff s'est trompé et a trompé involon-
tairement le maréchal Marmont.

## VI.

Les cinq premiers volumes des *Mémoires du duc
de Raguse*, malgré l'importance des matières traitées,
n'avaient pas la gravité historique du volume suivant.

Dans le sixième volume, entièrement consacré à
la campagne de 1814, il se produit deux faits principaux qui méritent d'être examinés aujourd'hui avec

impartialité, et expliqués à l'aide de documents irrécusables.

Le premier, est la conduite du prince Eugène pendant cette campagne de 1814.

Le second, la conduite pendant et après la bataille de Paris, du roi Joseph et du duc de Raguse.

Marmont accuse nettement le vice-roi d'avoir trahi la France en 1814, voici ce qu'il dit de ce prince :

« Il (Napoléon) avait donné l'ordre au prince Eu-
« gène d'évacuer l'Italie, après avoir fait un armis-
« tice ou bien trompé les Autrichiens et fait sauter
« toutes les places, excepté Mantoue, Alexandrie et
« Gênes. »

Partant de cette base, et admettant l'existence de cette sage disposition, le duc de Raguse conclut que le prince Eugène eût exercé avec son armée une très-grande influence sur les destinées de la France, en passant le Mont-Cenis. Il s'écrie :

« Il (le prince Eugène) a été la cause la plus effi-
« cace, après la cause dominante, placée, avant tout,
« dans le caractère de Napoléon, la cause la plus effi-
« cace, dis-je, de la catastrophe ; et cependant la
« justice des hommes est si singulière, qu'on s'est
« obstiné à le représenter comme le héros de la fidé-
« lité !...

« *La désobéissance du prince Eugène aux ordres*
« *formels de Napoléon* a eu des conséquences si

« directes, et ses amis ont si habilement déguisé sa
« conduite, que l'historien sincère et véridique doit
« tenir à bien constater les faits tels qu'ils se sont
« passés, etc... »

C'est ce que nous allons essayer de faire, preuves en main. (1)

Le 8 février 1814, Napoléon écrit au duc de Feltre, alors ministre de la guerre :

« Monsieur le duc de Feltre, j'ai donné ordre au
« *Vice-Roi*, AUSSITOT QUE LE ROI DE NAPLES AURAIT
« DÉCLARÉ LA GUERRE, de se porter sur les Alpes ; réi-
« térez-lui cet ordre par le télégraphe, par esta-
« fette, et en triplicata par un officier. Vous lui ferez
« connaître qu'il ne doit laisser aucune garnison dans
« les places d'Italie, si ce n'est des troupes d'Italie,
« et qu'avec tout ce qui est français il doit venir
« sur Turin et Lyon, soit par Fénestrelles, soit par le
« Mont-Cenis ; qu'aussitôt qu'il sera en Savoie, il sera

---

(1) Au moment où nous écrivons ces lignes, plusieurs démentis sont donnés aux Mémoires de Marmont. D'abord, un officier général bavarois vient d'écrire que, chargé de proposer au prince Eugène, en 1814, de prendre parti pour l'armée alliée, il avait échoué complétement. M. le comte Tascher de la Pagerie, ancien aide de camp du vice-roi et porteur, en 1814, de dépêches à l'Empereur et de l'Empereur au prince, écrit que non-seulement le prince Eugène a rejeté toutes les offres qui lui ont été faites, mais qu'il a été, lui, Tascher, renvoyé en Italie avec mission de dire au vice roi de ne plus songer à l'évacuation. Enfin, deux ou trois lettres du fils adoptif de Napoléon, publiées par différents journaux, ne peuvent laisser de doute. Pour nous, c'est à l'aide de matériaux historiques que nous venons donner le dernier coup de marteau à l'édifice mensonger du duc de Raguse.

« rejoint par tout ce que nous avons à Lyon. Écri-
« vez également à la grande-duchesse et au géné-
« ral Miollis, que DU MOMENT que le roi de Naples A
« DÉCLARÉ LA GUERRE, le grand-duché de Toscane
« et Rome ne sont plus tenables ; qu'en conséquence
« il remettra toutes les places au roi de Naples, en
« y mettant pour conditions que tous les Français et
« employés se retireront sur les Alpes, le Mont-Ce-
« nis et Briançon avec armes et artillerie. Adressez
« au duc d'Otrante, s'il se trouve encore en Toscane,
« l'ordre d'aller vers le roi de Naples pour arranger
« cette convention. Les troupes et les employés se
« rejoindront dans la même direction. Expliquez-
« vous bien. Sous quelques prétextes que ce soit,
« aucune troupe de la France ne doit rester dans au-
« cune place d'Italie, et toutes doivent revenir en
« masse sur Chambéry, Lyon ou Grenoble.

« Vous écrirez au prince Borghèse que si la mar-
« che de l'ennemi obligeait à évacuer le Piémont, je
« pense que des garnisons sont inutiles à Casal et à
« Plaisance, qui sont de mauvaises places; qu'on
« pourrait mettre dans la citadelle de Turin quel-
« ques troupes piémontaises, et quant à Alexandrie,
« qu'il suffirait d'y mettre 4,000 conscrits français;
« tout le reste rejoindrait le vice-roi. Ces 4,000
« hommes seront suffisants à Alexandrie, tant que
« l'ennemi ne fera pas de siége ; et en cas d'attaque,

« ils auront la Citadelle où ils pourront se retirer.
« J'ai déjà donné tous les ordres. Réitérez-les. Vous
« en donnerez communication au roi Joseph, etc.

« Nogent, le 8 février 1814. »

Cette lettre est-elle ou n'est-elle pas conditionnelle d'un bout à l'autre? La mesure de l'évacuation de l'Italie par le prince Eugène n'y est-elle pas subordonnée à la *défection*, à la *déclaration* de guerre du roi de Naples?

Pourquoi donc Marmont, qui prétend avoir eu connaissance des ordres portés au vice-roi par le général d'Anthouard, ne parle-t-il pas de cette condition expresse mise au mouvement du vice-roi sur Lyon? Sans doute il est fâcheux que le mouvement de l'armée d'Italie sur Lyon, que sa réunion avec celle d'Augereau n'ait pas eu lieu ; mais était-il possible au lieutenant de Napoléon, à son fils adoptif, de méconnaître des ordres aussi formels que ceux contenus dans cette dépêche, de les traduire à sa façon?

De deux choses l'une, ou le roi de Naples a déclaré la guerre et alors Eugène doit évacuer l'Italie, ou le roi de Naples n'a pas encore levé le masque et alors Eugène doit rester en position devant l'armée autrichienne.

Où donc est la désobéissance blâmée et flétrie par le duc de Raguse dans ses Mémoires ?

Le jour même où Napoléon écrivait cette lettre, le prince Eugène lui envoyait son aide de camp, Tascher, pour lui rendre compte de ses opérations sur le Mincio, et du succès qui en avait été la suite à la bataille de Roverbella, gagnée sur les Autrichiens. A cette époque, les Napolitains n'avaient fait aucun mouvement offensif.

Voici comment le duc de Raguse parle de cette victoire de Roverbella :

« Eugène évacue Vérone, opère sa retraite len-
« tement. Il est suivi par l'armée autrichienne avec
« mollesse, et sans que de la part de celle-ci il y ait
« aucun engagement ; car le général autrichien, qui
« n'a pas soif de la bataille, *croit* à une convention
« *tacite* d'évacuation, et, pour son compte, à une
« simple prise de possession. — Mais les choses se
« passant ainsi, ne remplissent pas les intentions
« d'Eugène. Il ne peut faire valoir, pour rester, les
« obstacles que les Autrichiens mettent à son départ.
« Leur conduite semble le favoriser. Aussi, tout à
« coup, il profite de leur sécurité pour les attaquer
« brusquement et d'une manière peu *loyale*. Il rem-
« porte sur eux un succès de peu d'importance. Il
« espère jeter ainsi de la poudre aux yeux de
« Napoléon, et égarer son jugement. »

Voilà une singulière façon d'analyser les opérations du vice-roi en Italie, et d'apprécier une victoire. Comprend-on ce que veulent dire ces mots : *le général autrichien croit à une convention tacite*, — Eugène attaque les Autrichiens *d'une manière peu loyale ?*.... Si, comme le laisse supposer Marmont, le prince Eugène était dans l'intention de trahir l'Empereur et la France, la bataille gagnée sur les Autrichiens serait, on en conviendra, une singulière façon d'assurer le succès de ses desseins? Toutes ces appréciations nous paraissent de bien mauvais arguments pour une bien mauvaise cause.

Mais continuons l'examen du fait de trahison ou de désobéissance.

Le vice-roi reçut le 16, la dépêche du duc de Feltre et répondit immédiatement :

« Monsieur le duc, je reçois à l'instant votre lettre
« du 9, dans laquelle vous me faites part des ins-
« tructions de l'Empereur à l'égard de l'armée
« d'Italie, *dès que le roi de Naples se sera déclaré*
« *contre la France.*

« Ces instructions sont conformes à celles que
« l'Empereur m'a adressées il y a *quinze jours.* »
(Nous appelons l'attention sur ces mots *quinze jours*. Quinze jours, on était au 16 février, ne veulent pas dire, comme le prétend Marmont, la fin de 1813.)
« J'agirai *ponctuellement* en ce sens. »

« Jusqu'à ce moment, les Napolitains ne peuvent
« entrer en opérations, bien que le roi ait fait un traité

« avec l'ennemi, parce qu'il en attend la ratifi-
« cation. *J'ai pris toutes mes mesures pour être pré-
« venu à temps.*

« Ainsi donc, mon *mouvement rétrograde*, QUI
« N'EST D'AILLEURS QUE CONDITIONNEL, sera le plus
« lent possible, *à moins que la présence de mon armée
« étant jugée nécessaire en France, vous ne me fassiez
« parvenir l'ordre positif de m'y porter*, etc.

« Volta, 16 février 1814, cinq heures du matin. »

Si, après ces deux lettres, qui nous paraissent des documents et des preuves bien autrement irrécusables, bien autrement positifs que les assertions du duc de Raguse, on pouvait conserver encore des doutes, nous ajouterions ce qui suit.

Six jours après la dépêche du 16, le vice-roi écrit de nouveau au duc de Feltre et lui dit :

« Tous les officiers que j'envoie au roi (à Murat),
« me rapportent que son intention ne serait d'agir
« offensivement contre les troupes que je commande,
« qu'autant qu'il pourrait ou (pour parler exac-
« tement) qu'il serait forcé d'entrer en communauté
« d'opérations avec les Autrichiens. Or, ceux-ci,
« depuis la bataille du Mincio, ne me paraissent pas à
« craindre.

« L'indécision du roi de Naples me porte à penser
« que les triomphes de l'Empereur achèveront de le

« replacer dans notre système, d'autant plus qu'il est
« loin d'avoir à se louer de s'être jeté dans les bras
« de l'Autriche. » (On était alors au 22 février ; la
nouvelle des affaires de Champaubert, Montmirail,
etc., était arrivée en Italie.)

« J'ai cependant l'œil à tout, et j'ai disposé mes
« troupes de façon à me trouver en mesure contre
« tout événement........

« Aussi long-temps donc que toutes les opérations
« du roi vers le Pô se réduiront à des allées et venues,
« je pense que je pourrai attendre tranquillement ici
« le résultat des heureux événements qui se déve-
« loppent de vos côtés, et ménager ainsi à l'Empereur
« les avantages attachés pour lui à la conservation de
« l'Italie. »

En effet, à partir de Champaubert, il ne fut plus
question, dans les correspondances de l'Empereur, de
la marche de l'armée d'Italie sur Lyon, mais simplement de fusils à envoyer pour le prince Borghèse
et d'une division à diriger sur Chambéry.

Le duc de Raguse prétend que nul contre-ordre
ne fut donné au vice-roi pour son mouvement sur
Lyon, après les victoires de Napoléon sur Blücher ;
c'est tout simple, ce mouvement du prince Eugène
étant conditionnel à la levée de boucliers de Murat,
un contre-ordre écrit n'était pas nécessaire. Bien
plus, Tascher, qui était arrivé au quartier général

de Napoléon, dut rejoindre le prince vice-roi et lui porter pour instruction de tenir en Italie. Cela est tellement positif, que le 27 février le prince Eugène écrivait de Volta, au duc de Feltre, la lettre ci-dessous :

« Monsieur le duc de Feltre, au moment où j'ai
« reçu la lettre que vous m'avez écrite le 17 de ce
« mois, mon aide de camp, le comte Tascher, que j'a-
« vais dépêché auprès de l'Empereur, *m'a rappor-*
« *té de nouveaux ordres de Sa Majesté, absolument*
« *contraires à l'idée de l'évacuation de l'Italie; je*
« *m'empresse de vous en prévenir pour votre règle.* »

Est-il possible d'admettre que le prince Eugène eût écrit cette lettre au ministre de la guerre, si le fait eût été inexact ?

Maintenant, voyons ce que le 1ᵉʳ mars, Napoléon lui-même manda de La Ferté-sous-Jouarre, sur les affaires d'Italie, au duc de Feltre :

« Quant aux fusils, il y en a en Piémont; j'ai or-
« donné au prince Borghèse d'en envoyer dix mille.
« Je lui ai aussi ordonné d'envoyer une division de
« 7 à 8,000 hommes à Chambéry. Le prince de Luc-
« ques a amené 3,000 hommes à Gênes. Le prince
« Borghèse a mal compris mon ordre. Il a cru qu'il
« devait envoyer la division au *vice-roi*, faites-lui
« connaître mes intentions. C'est sur Chambéry
« qu'il faut envoyer ces forces ; *le vice-roi a suffi-*

« *samment de troupes, après les succès que j'ai obte-*
« *nus, le roi de Naples ne bougeant pas.* »

Cette dernière phrase est-elle assez claire, assez positive. Croit-on que, si le prince Eugène eût désobéi à l'Empereur, si Napoléon eût maintenu son ordre d'évacuation de l'Italie *quand même*, si cette évacuation n'eût pas toujours été une chose conditionnelle, il eût écrit, le 1$^{er}$ mars, que le vice-roi avait *assez de troupes pour se maintenir, après les succès obtenus en France?*

De deux choses l'une, ou le maréchal Marmont a été de mauvaise foi en attaquant, comme il l'a fait dans son ouvrage posthume, le prince Eugène, ou il n'a pas eu connaissance des documents historiques que nous venons de citer. Toutefois, cette attaque injuste et révoltante du duc de Raguse, attaque dont la fausseté est démontrée jusqu'à l'évidence, venant à la suite de faits de même nature contenus dans ses Mémoires, il est permis de penser qu'en écrivant son inique diatribe contre le prince Eugène, l'auteur faussait *sciemment* la vérité. La vengeance, pour Marmont, ne s'arrête pas au bord de la tombe.

La conduite du roi Joseph, lieutenant de l'Empereur en 1814, gardien et protecteur du roi de Rome, qu'il avait ordre de ne jamais abandonner, a été appréciée différemment. Approuvée par les uns, condamnée par les autres, la conduite du duc de Raguse a donné lieu à de vives récriminations. Napoléon, en quittant l'île d'Elbe, qualifia le maréchal du nom de traître.

Ces deux hommes, aujourd'hui, peuvent être appréciés avec une connaissance de cause parfaite, grâce aux *Mémoires du roi Joseph* et aux *Mémoires du duc de Raguse.* Le triple fait historique de la bataille de Paris, du départ de Joseph pour Blois et de la marche d'Essonne sur Versailles du corps de Marmont, sont des points qu'on peut expliquer sans craindre de se tromper.

Les *Mémoires du roi Joseph* (1), les documents qui y sont joints, prouvent jusqu'à l'évidence :

1° Que les faibles corps de Mortier, de Marmont et du général Ornano (2), ce dernier commandant quatre à cinq mille hommes de la garde, n'étaient pas en état de résister à l'armée alliée concentrée dans les plaines de Saint-Denis ;

---

(1) A propos de ces Mémoires, on trouve au 7ᵉ volume de Marmont, page 59, une note de l'éditeur, qui semblerait faire croire que les documents et lettres du roi Joseph *sont d'accord* avec ce que dit le duc de Raguse, sur l'affaire de Paris. C'est là une erreur d'autant plus singulière, que l'éditeur aurait pu facilement se rendre compte de la différence existant entre cette partie des deux ouvrages, sortis *l'un et l'autre* de sa librairie.

(2) Dans le tableau de l'ordre de bataille de l'armée française devant Paris, le 30 mars, le duc de Raguse porte le général Ornano comme ayant seulement sous ses ordres trois cent vingt chevaux de la cavalerie de la garde. C'est une erreur. Le général Ornano commandait toute la garde (infanterie, cavalerie et artillerie), formant un corps de quatre à cinq mille hommes.

2° Que les maréchaux tinrent tête aussi longtemps qu'ils le purent, à des forces bien supérieures à celles dont ils disposaient ;

3° Que jamais Marmont ne se montra plus intrépide.

Tout cela nous semble prouvé ; mais ce qui l'est encore bien plus pour nous, c'est l'injustice de l'accusation contenue dans les Mémoires du duc de Raguse, sur les faits et gestes du frère aîné de l'Empereur.

Marmont dit :

« Vers midi, je reçus du roi Joseph l'autorisation d'entrer en arrangement pour la remise de Paris aux étrangers. Mais, déjà, les affaires étaient en partie rétablies, et *j'envoyai le colonel Fabvier pour dire à Joseph, que si le reste de la ligne n'était pas en plus mauvais état, rien ne pressait encore.* J'avais alors l'espérance de pousser la défense jusqu'à la nuit : mais le colonel ne trouva plus le roi à Montmartre. *Celui-ci était parti pour Saint-Cloud et Versailles,* emmenant avec lui le ministre de la guerre et tout le cortége de son pouvoir ; et cependant aucun danger ne le menaçait personnellement. »

Cette explication ne tend à rien moins qu'à faire croire que Joseph a voulu la reddition et que Marmont a voulu la continuation de la défense. Or, nous avons sous les yeux une rédaction tout opposée, écrite de la *main même* du roi Joseph, et corroborée par un témoin oculaire qui ne quittait presque jamais ce prince. Joseph, lui-même, était d'un caractère assez honorable, pour que ce qu'il dit mérite confiance ; voici comment il explique cette affaire :

« Joseph rédigea, après leur départ (celui de l'Impératrice et du roi de Rome, le 29 mars), une proclamation pour rassurer le peuple. Cette proclamation fut affichée dans la soirée. Dans la nuit, les maréchaux furent instruits de l'approche de l'ennemi. Le lendemain matin, ils étaient aux prises avec leurs avant-postes. Joseph, avec les ministres de la guerre, de l'administration de la guerre, de la marine, *selon ce qui avait été résolu par le conseil*, se portèrent hors de Paris pour connaître de plus près l'état des affaires. La garde nationale prit les armes pour maintenir la tranquillité, et se porta aux diverses barrières pour s'opposer à toute insulte qui pourrait être tentée par des corps détachés. *Dans la matinée, le maréchal Marmont ayant fait prévenir le roi qu'il était déjà trop faible pour contenir les troupes qu'il avait devant lui* (1), le roi fit dire au maréchal Mortier de renforcer le maréchal Marmont (2), *ce qu'il fit avec beaucoup de bonne volonté.*

---

(1) Voilà quelle fut la mission véritable du colonel Fabvier.

(2) Ce que Marmont est loin d'avouer, afin de s'attribuer à lui seul la belle défense de Paris.

*Après midi*, un officier du génie de l'armée française, fait prisonnier par l'ennemi, avait été admis en présence de l'empereur de Russie, du roi de Prusse et du général en chef autrichien. Cet officier avait vu le développement des forces ennemies. Il vint en rendre compte *aux maréchaux, et après eux* au roi (1). Le maréchal Marmont *déclara* qu'il ne pouvait pas tenir au delà de quatre heures, *ni empêcher que Paris ne fût inondé* de troupes irrégulières dans la nuit. Il demandait a être autorisé a traiter pour la conservation et la sûreté intérieure de la capitale.

« La décision du conseil tenu sous la présidence de l'Impératrice régente, fut exécutée littéralement; dans une circonstance aussi grave, lorsque les ministres qui étaient avec le roi, reconnurent aussi bien que lui que la plus grande partie des forces alliées étaient sous Paris.

« Le roi ne partit que le 30 à quatre heures, lorsqu'il fut instruit que l'ennemi occupait Saint-Denis, et que, dans quelques minutes, il ne serait plus à temps de passer la Seine. Il se rendit à Versailles, d'où il se fit suivre par tous les dépôts de cavalerie qui étaient dans cette ville, et se rendit à Chartres où il trouva l'Impératrice, et de là à Blois. »

---

(1) Le roi n'était donc pas encore parti, comme le dit Marmont.

Ainsi :

1° Il est faux que ce soit le roi qui ait voulu le premier arrêter la défense des maréchaux ;

2° Il est faux que le roi ait quitté Paris avant quatre heures ;

3° Le roi s'éloigna de la capitale trente heures après l'Impératrice et le roi de Rome, qu'il fit partir pour obéir aux ordres les plus formels de l'Empereur (1) et pour se conformer à la décision du conseil. Il resta de sa personne tant qu'il crut pouvoir le faire sans danger de tomber aux mains de l'ennemi. Ce qui le prouve, c'est que quelques minutes après son passage sur le pont de Sèvres, l'ennemi s'empara de ce pont ;

4° Il n'abandonna pas Paris avant d'avoir donné la faculté aux maréchaux de traiter. Ce n'est pas à *dix heures* du matin, comme le dit Marmont, mais bien à *midi un quart*, que le billet relatif à la capitulation fut écrit par lui aux maréchaux (2).

On peut donc, en s'appuyant sur des documents irrécusables, beaucoup plus vrais que toutes les assertions injustes et passionnées du duc de Raguse, rétablir et résumer ainsi les faits relatifs à la bataille de Paris et à la capitulation.

---

(1) Voir aux *Mémoires du Roi Joseph*, 10ᵉ volume, page 128 et suivantes, les lettres de l'Empereur relatives à ce sujet.
(2) *Mémoires du Roi Joseph*, 10ᵉ volume, page 24.

Le 28 mars, un conseil des ministres et des hauts fonctionnaires de l'État, décide que le lendemain l'Impératrice et le roi de Rome seront prêts à quitter Paris, si l'ennemi se montre en trop grande force. Le roi Joseph, qui ne veut abandonner cette ville qu'à la dernière extrémité, fait afficher une proclamation dont le but est de rassurer le peuple et de retarder la catastrophe prévue. Le 30, les maréchaux Marmont et Mortier et le général Ornano, malgré l'infériorité de leurs forces, luttent avec énergie et talent contre un ennemi dix fois supérieur. Marmont se conduit avec bravoure et talent, mais il reconnaît son impuissance et provoque du roi un ordre pour traiter avec l'ennemi. Le roi s'établit sur les hauteurs de Montmartre pour juger par lui-même de la situation des choses. Il reconnaît que les armées ennemies inondent la plaine, le moment est venu d'exécuter les mesures prescrites par l'Empereur relativement à l'Impératrice et au roi de Rome ; ils sont partis le 29, mais lui reste de sa personne jusqu'à l'instant où il devient évident que s'il tarde encore, il va être fait prisonnier. Il quitte Paris en laissant aux maréchaux l'autorisation de traiter.

Après avoir décrit à sa manière la bataille de Paris, le duc de Raguse s'écrie qu'elle fut *l'objet de calomnies odieuses ;* cela n'est pas. Marmont confond *à dessein* la bataille de Paris, qui ne fut l'objet d'aucune calomnie contre sa personne, avec l'affaire d'Essonne, qui ne donna lieu ni à calomnie ni à médisance, mais qui fut appréciée par le bon sens populaire comme elle méritait de l'être.

Abordons cette triste page de notre histoire et de celle du duc de Raguse.

Un spirituel écrivain disait dernièrement : Marmont, dans son ouvrage, semble un coupable qui plaide les circonstances atténuantes. Cela est très-vrai. Les *Mémoires du duc de Raguse*, loin de blanchir le maréchal de la défection d'Essonne, prouvent, à notre avis, aussi clairement que possible, que cette défection du 6<sup>e</sup> corps ne peut et ne doit être attribuée qu'à lui seul.

Analysons en quelques mots le récit que fait le duc de Raguse de sa conduite après la bataille de Paris.

Il rentre chez lui couvert de sang, trouve dans son salon des hommes en opposition avec le gouvernement de l'Empereur; on lui fait des demi-ouvertures pour prendre parti contre Napoléon; il les repousse, décidé, dit-il, à *faire loyalement son métier*, et il vient, le jour suivant, 31 mars, occuper avec le 6<sup>e</sup> corps la position d'Essonne. Dans la nuit du 31 mars au 1<sup>er</sup> avril, il se rend à Fontainebleau, voit l'Empereur. Napoléon *loue* sa belle défense de Paris, et vient visiter le 6<sup>e</sup> corps. Le 2 avril, Marmont reçoit du Gouvernement provisoire le décret du sénat prononçant la déchéance. Différentes lettres font éclore dans l'esprit du maréchal, il l'avoue assez naïvement, une *foule de sensations*, lui font faire une *foule de réflexions.*

Ici commence la lutte à laquelle le lecteur a été préparé dès le 5ᵉ volume par la distinction entre l'homme du *devoir* et l'homme d'*honneur*. Laissons parler lui-même le duc de Raguse :

« Attaché à Napoléon depuis si longtemps, dit-il, les malheurs qui l'accablaient réveillaient en moi cette vive et ancienne affection qui autrefois dépassait tous mes autres sentiments ; et *cependant, dévoué à mon pays et pouvant influer sur son état et sa destinée*, je sentais le besoin *de le sauver d'une ruine complète*. IL EST FACILE A UN HOMME D'HONNEUR DE REMPLIR SON DEVOIR QUAND IL EST TOUT TRACÉ ; mais qu'il est cruel de vivre dans des temps où l'on pense, et où l'on peut se demander où est le devoir, etc. »

Après une déclaration pareille, il semble que le duc de Raguse va tout bonnement et tout simplement avouer le mouvement sur Versailles et dire :

« Placé entre ces deux sentiments, j'ai cru que je devais préférer la France à Napoléon, et j'ai abandonné le parti de mon bienfaiteur pour celui de ma patrie. J'ai pu me tromper, mais j'ai pensé bien faire. » C'était logique et on était jusqu'à un certain point en droit de l'absoudre, du moins de le comprendre en se plaçant à son point de vue. Mais pas du tout, par une de ces contradictions qui fourmillent dans sa vie et dans ses Mémoires, Marmont, après avoir avoué pour ainsi dire sa faute, veut prouver qu'il ne l'a pas commise ; ce qui est plus curieux, c'est qu'il emploie pour convaincre ses lecteurs, une lettre qui le condamne plus que tout ce qu'on a pu dire et écrire jusqu'ici sur cette affaire, la lettre du général Bordesoulle.

Il ajoute un peu plus loin :

« On voit donc ce qui se passait en moi. Si les sentiments se combattaient, tous les calculs se réunissaient pour faire pencher la balance en faveur de la révolution qui venait d'éclater à Paris, etc........ Tous les généraux placés sous mes ordres furent donc réunis chez moi. Je leur communiquai les nouvelles reçues de Paris.... *La décision fut unanime*, il fut résolu de reconnaître le gouvernement provisoire et de se réunir à lui pour sauver la France. *Des pourparlers s'ouvrirent avec le prince de Schwartzemberg et je rédigeai* la lettre qui devait être envoyée à l'Empereur quand tout serait convenu et arrêté........ Pendant ce temps, et précisément au même moment (4 avril), Napoléon cédait aux énergiques représentations de deux chefs de l'armée..... Il abandonnait l'Empire en faveur de son fils et nommait plénipotentiaires, le prince de la Moscowa, le duc de Tarente et le duc de Vicence. Ceux-ci vinrent, en traversant mon quartier général, m'apprendre ce qui s'était passé à Fontainebleau ; ceci changeait la face des choses..... En conséquence, j'appris aux plénipotentiaires de l'Empereur mes pourparlers avec Schwartzemberg, en ajoutant que *je rompais à l'instant toute* négociation personnelle et que je ne me séparerais jamais d'eux. Ces Messieurs me demandèrent de les accompagner à Paris.... Avant de partir d'Essonne, j'expliquai aux généraux les motifs de mon absence. Je leur annonçai mon prochain retour. Je leur donnai *l'ordre de ne pas faire, quoi qu'il arrivât, le moindre mouvement avant mon retour* (1). »

Le 5, Marmont est prévenu par le colonel Fabvier du mouvement du 6ᵉ corps sur Versailles, et il reçoit une lettre du général Bordesoulle, lettre sur laquelle il s'appuie pour décliner toute compétence dans le mouvement. La lettre commence par ces mots :

« Le colonel Fabvier a dû dire à V. E. les motifs qui nous ont engagés à exécuter le mouvement que nous étions convenus de *suspendre jusqu'au retour de* MM. le prince de la Moscowa, des ducs de Tarente et de Vicence (2). »

---

(1) Ce paragraphe contient à peu près autant d'assertions fausses que de mots ; c'est ce que nous établirons tout à l'heure.

(2) On remarquera qu'il n'est pas question de son retour à lui, Marmont. Il y a une bonne raison pour cela ; le maréchal n'avait prévenu de son absence que son chef d'état-major.

Or, résumons cette espèce de justification du duc de Raguse, en *suivant la version donnée par lui-même :*

Le 30, Marmont se conduit avec vigueur et fait tout ce qu'un brave soldat peut faire. Le 31, il cherche à rallier l'Empereur sur Fontainebleau et s'établit à Essonne pour former son avant-garde ; le 6ᵉ corps est passé en revue par Napoléon. Bientôt des lettres de Paris ébranlent la religion du maréchal, il se décide à traiter avec l'ennemi, entre en pourparlers avec Schwartzemberg. Le 4, il apprend l'abdication de l'Empereur, et, désirant juger par lui-même du meilleur parti à prendre, il accompagne les plénipotentiaires à Paris. Pendant ce temps, les généraux du 6ᵉ corps, effrayés de l'idée que leur projet de mouvement sur Versailles a été dénoncé à l'Empereur, se décident à exécuter ce mouvement malgré l'ordre du duc de Raguse d'attendre le retour des plénipotentiaires. Ils conduisent les troupes au beau milieu des alliés.

Maintenant, que prouve cette lettre du général Bordesoulle citée par Marmont, sinon *que le mouvement sur Versailles a été convenu, qu'il n'a été que suspendu* ? Or, à qui incombe la responsabilité de cette détermination, si ce n'est au général en chef du 6ᵉ corps ? Marmont est entré en pourparlers avec Schwartzemberg, il l'avoue. Il a laissé le commandement en son absence à son chef d'état-major, avec ordre, non pas *d'abandonner* l'idée du mouvement sur Versailles, mais bien de *suspendre* ; donc la responsabilité de l'affaire doit peser sur lui seul.

Ce que l'on a dit, ce que l'on a écrit, ce que la voix populaire a proclamé, que Marmont avait livré le 6e corps, est donc bien vrai, bien établi par le maréchal lui-même. Si la défection de ce corps n'a eu lieu que vingt-quatre heures après la première abdication de l'Empereur, comme le fait remarquer une note de l'éditeur des Mémoires de Raguse, la pensée de ce mouvement, la décision prise pour l'effectuer, ont bel et bien été antérieures à l'abdication. Une circonstance indépendante de la volonté du maréchal a fait *hâter une action convenue* avec l'ennemi par le duc de Raguse lui-même.

Voilà, ce qui, à notre avis, ressort logiquement de l'ouvrage posthume du duc de Raguse. Ce dernier n'a pas le droit de rejeter la faute sur les généraux sous ses ordres, car s'il fût resté fidèle à la cause du malheur, il est peu probable que d'autres eussent songé à abandonner cette cause. Qu'on nous cite des défections dans le corps du duc de Trévise ?

Nous pourrions, à notre tour, nous faire l'écho des mille bruits qui découlèrent de la conduite du maréchal et répéter que sa convention avec l'ennemi portait la reconnaissance de sa dotation du duché de

Raguse, dotation que Marmont a conservée toute sa vie, et qui lui fut payée scrupuleusement par l'Autriche. Sans nous laisser influencer par l'explication donnée au septième volume par le maréchal, nous dirons tout simplement que nous n'avons pas de preuves à cet égard. Or, notre seul et unique but est la recherche de la vérité. Nous n'avons nullement l'intention et encore moins le désir de trouver le duc de Raguse plus coupable qu'il n'est réellement ou que ne le font les documents historiques. Nous garderons donc le silence sur le fait reproché à Marmont, nous le considérerons comme faux, jusqu'à preuve du contraire (1).

Nous allons maintenant mettre sous les yeux des lecteurs les passages les plus importants d'une lettre du général Bordesoulle au duc de Trévise, lettre qui donne la clé de toute l'affaire d'Essonne et dont nous tirerons, à notre tour, quelques conclusions faciles à déduire.

« Après l'évacuation de Paris, écrit le général Bordesoulle, le corps d'armée du duc de Raguse alla, le 1er avril, prendre position en arrière d'Es-

---

(1) La défection du 6e corps fut-elle une des causes, même secondaires, de la chute de l'Empire? eut-elle une influence quelconque sur les événements? ce sont là des questions impossibles à résoudre. Seulement, il est permis de penser que si ce corps, ainsi que celui de Mortier, avait rallié Napoléon à Fontainebleau, peut-être le grand capitaine, prenant conseil de son génie, eût-il cherché à ressaisir la victoire en voyant son fils exclu du trône impérial.

sonne. Je m'établis avec le premier corps de cavalerie, à Corbeil. Bien que mon quartier général ne fût pas éloigné de celui du maréchal, je le voyais rarement. Le 4, vers huit heures, je me rendis chez lui, et je rencontrai à sa porte le général Digeon, qui commandait son artillerie. — Vous allez chez le maréchal, me dit-il, eh bien ! il va vous apprendre du nouveau. — J'insistai vainement pour qu'il s'expliquât davantage. J'entrai. Après avoir fait le rapport de ce qui se passait sur la ligne, j'exprimai vivement la peine que me faisait éprouver l'état de découragement des troupes. — Que pouvons-nous faire à cela ? me dit le maréchal. — Je l'ignore, car si je pouvais y remédier, je ne vous en parlerais pas. — Général reprit-il alors, vous êtes un homme d'honneur, jurez-moi que vous ne révélerez pas ce que je vais vous confier. — Je lui donnai ma parole, bien éloigné de m'attendre à l'étrange confidence qu'il allait me faire. — Vous savez, général, qu'un gouvernement provisoire, établi à Paris depuis deux jours, a proclamé la déchéance de Napoléon : j'ai, en conséquence, fait un traité avec le prince de Schwartzemberg pour mon corps d'armée qui, d'après mes conditions, va occuper la Normandie et n'aura aucun rapport avec les troupes alliées. Il ne recevra d'ordres que du gouvernement provisoire. — Comment, monsieur le maréchal, vous avez fait un semblable traité, et sans nous consulter? — Général, j'ai votre parole. — Je la tiendrai, mais vous ne devez pas compter sur ma cavalerie. — Vous ferez ce que vous voudrez; moi, je suis décidé à prendre les armes ce soir, à six heures, sous prétexte d'une revue et je passerai. — Comment, monsieur le maréchal, vous allez donc découvrir Fontainebleau et mettre l'Empereur à la merci de l'ennemi. — L'ennemi, reprit-il, ne fera point de mouvement cette nuit. J'ai d'ailleurs stipulé la sûreté de Napoléon, dans le cas où des événements de guerre le feraient tomber entre les mains des alliés. — Et que deviendra le corps de M. le duc de Trévise? (à la manière dont il me répondit d'être tranquille sur votre sort, j'avoue que je vous crus informé de ce qui se passait.) J'insistai pour qu'au moins il ne partît pas avant la nuit. — C'est très-bien, dit-il, mais répondriez-vous de moi, si deux cents chevaux venaient pour m'enlever? — Monsieur le maréchal, vous ne m'avez pas consulté sur ce que vous avez déjà fait, vous ne devez donc pas vous adresser à moi si vous avez quelque chose à craindre. — Réfléchissez, dit-il en nous séparant, et venez à quatre heures me dire votre résolution.

« Rentré dans nos bivouacs, j'y remarquai un redoublement d'inquiétude. En arrivant chez moi, je trouvai une lettre du général Belliard, qui me demandait confidentiellement dans quelles dispositions se trouvaient les troupes. Je vis les officiers généraux des corps de cavalerie que je commandais. Je les exhortai à faire tous leurs efforts pour remonter le moral des hommes. A quatre heures, je me rendis seul chez le maréchal. Il était dans son jardin avec son chef d'état-major et le général Meynadier. Au même instant, arrive de Fontainebleau un aide de camp que je crois être le général Fabvier, apportant la grande nouvelle de l'abdication de l'Empereur. En remontant chez le maréchal, je lui dis à part : — Voilà un événement qui tire V. E. d'une fâcheuse position. — Cela m'est égal, répondit-il, je n'en opère pas moins mon mouvement ce soir. Il serait fort aise de me faire arrêter. — Rentrés avec lui dans son appartement, l'aide de camp raconta les détails de l'événement et annonça la très-prochaine arrivée des maréchaux Ney et Macdonald et duc de Vicence, tous trois nommés commissaires par l'Empereur pour porter son abdication aux alliés. Le maréchal Ney et le duc de Vicence entrèrent au même instant. Ney nous parla de ce qu'il avait fait pour décider l'Empereur à abdiquer, et nous montra un papier, sans nous le lire, et en disant : — Voilà son acte d'abdication. — Ceci vous tire de peine, dis-je alors au duc de Raguse. — Celui-ci, à ces mots, crut probablement que j'allais divulguer ce qu'il m'avait confié, et s'empressa de faire part à ces deux Messieurs de son traité avec Schwartzemberg. — Y pensez-vous, monsieur le maréchal? s'écria le duc de Vicence, la moindre division dans l'armée serait sa perte et celle de la France. — C'est l'observation que j'avais déjà faite à M. le maréchal, repris-je alors. Il est urgent de mettre au plus tôt cette abdication à l'ordre du corps d'armée ; cette mesure rassurera les esprits et arrêtera la désertion. — Eh bien, général, mettez-la à l'ordre, me dit le duc de Raguse. — M. le maréchal, votre chef d'état-major est ici et peut s'en charger, cela sera plus simple et plus régulier. — A ces mots, je me retirai pour faire connaître à mes régiments la nouvelle de l'abdication.

« Après avoir recommandé à mon aide de camp de service de m'éveiller en cas d'attaque, ce qui n'était guère présumable après la mission dont les commissaires étaient chargés, j'allai prendre un repos dont j'avais grand besoin. Vers onze heures et un quart, arriva le général Merlin, qui m'apprit que le duc de Raguse était parti pour Paris avec les commissaires, et que nous devions nous rendre en toute hâte chez le général chef d'état-major, à qui le maréchal avait laissé le commandement du corps d'armée. Les troupes étaient en mouvement dans tous les sens. Une foule d'officiers de tous grades se pressaient dans l'appartement du général, qui me présenta à lire une lettre du major-général Berthier. Elle enjoignait au maréchal Marmont de donner des ordres pour que son corps se trouvât sous les armes à cinq heures du matin, de se rendre de sa personne, au plus vite, à Fontainebleau, près de l'Empereur, pour recevoir ses instructions, et de faire ses dispositions pour être de retour à la tête de ses troupes à une heure. — Je vois, dis-je, que Napoléon veut tenter un dernier effort et tâcher de surprendre l'ennemi pendant que les commissaires négocient. »

. . . . . . . . . . . . . . . . .

« Le maréchal avait ordonné pour le lendemain de notre arrivée une revue de toutes les troupes. A peine rassemblés sur la place d'armes, les soldats, qu'on avait travaillés pendant la nuit, commencèrent à murmurer et à témoigner leur mécontentement de la démarche qu'ils avaient faite la veille. Ils crièrent à la trahison. Je montai à cheval et me rendis au lieu du rassemblement. Je trouvai la confusion partout, la cavalerie le sabre à la main et l'infanterie hors de ses rangs. Je fis, sur-le-champ, remettre le sabre et je proposai au général Ledru des Essarts, resté avec l'infanterie, de nous mettre de suite en marche et de nous diriger sur Saint-Cyr et de là sur la Normandie. Il approuva ma proposition et le mouvement fut aussitôt commencé. Tous les régiments défilèrent devant moi. Une heure environ après notre sortie de Versailles, le duc de Raguse me fit demander si je pensais qu'il pût se présenter devant le corps d'armée. Je lui fis répondre qu'il y avait encore trop d'irritation, qu'il fallait attendre, et que je le préviendrais quand il en serait temps.

« Après une marche d'environ deux lieues, je fis former les troupes, ayant soin de placer la cavalerie à une assez grande distance de l'infanterie, et j'envoyai dire à M. le maréchal qu'il pouvait se présenter. Il arriva devant le front des régiments qui gardèrent le silence, et il donna ensuite des ordres pour continuer le mouvement sur la Normandie (1). »

Ainsi donc :

1° — La réunion des généraux chez le duc de

---

(1) Nous avons à dessein supprimé un passage de la lettre du général Bordesoulle, notre intention n'étant pas d'imiter le duc de Raguse.

D'ailleurs, la lettre du général, lettre toute confidentielle, écrite en 1830 au duc de Trévise, alors que les hommes de 1814 vivaient encore, nous en fait un devoir.

Elle commence par ces mots :

« Sans entrer dans beaucoup de circonstances qui ne pourraient que confirmer l'exposé que je vais avoir l'honneur de mettre sous vos yeux, je me bornerai, pour ne point abuser de votre indulgence, à rapporter uniquement les faits principaux qui devront compléter votre conviction. Vous pourrez d'ailleurs, si vous voulez en prendre la peine, *vous assurer de l'exactitude de ce que j'avance par le témoignage des officiers généraux, qu'à regret je me verrai forcé de nommer.* »

Cette lettre se termine ainsi :

« En réclamant votre indulgence pour cette longue lettre, Monsieur le maréchal, je n'ai pas besoin, je pense, de vous faire observer que c'est à M. le duc de Trévise que j'écris, et non à M. le maréchal, membre de la commission des maréchaux. Par conséquent, les noms que je me suis, *avec peine*, décidé à lui citer, doivent être loin de sa mémoire à la réunion de MM. les maréchaux. »

Raguse, la communication des nouvelles de Paris, la décision unanime, la résolution de reconnaître le gouvernement provisoire et de se réunir à lui pour seconder la France ; — autant d'erreurs écrites par Marmont dans ses Mémoires et pour le plus grand bien de sa cause.

2° — Les pourparlers avec le prince de Schwartzemberg, ouverts par Marmont avec l'assentiment de ses généraux. — Erreur, ils n'en avaient rien su.

3° — Les explications données à tous les généraux sur son absence, lors de son départ pour Paris avec les commissaires de l'Empereur. — Erreur, son chef d'état-major seul en fut instruit.

4° — L'ordre donné à ces généraux de ne pas faire, quoi qu'il arrivât, le moindre mouvement avant son retour. — Erreur.

5° — Toute l'histoire de la révolte apaisée. Erreur, erreur.

La vérité, la voici :

Le duc de Raguse traite avec le prince de Schwartzemberg, pour ses troupes. Il doit faire défection à l'Empereur le 4 à six heures du soir ; il ordonne le rassemblement du 6° corps sous prétexte d'une revue. Son parti est bien arrêté. Fontainebleau sera à découvert, peu lui importe. Un instant avant le moment fixé pour l'exécution, l'abdication a lieu, Marmont divulgue alors ce qu'il a fait. Il va prendre langue à Paris, plus décidé que jamais à abandonner le parti de Napoléon; mais trouvant inutile désormais d'exécuter les clauses de son traité avec Schwartzemberg, il cherche à s'en dégager. Il recommande *au plus ancien général*, et non aux généraux, d'attendre le retour des plénipotentiaires. Dans l'intervalle, arrive l'ordre de Berthier pour Marmont et pour le 6ᵉ corps; les généraux craignent le ressentiment de l'Empereur et opèrent, le 5 à, quatre heures du matin, le mouvement divulgué la veille par Marmont, et qui, sans l'abdication de l'Empereur, eût été exécuté à six heures du soir le 4 avril.

En dernière analyse, il nous semble démontré que l'on n'a pas attribué, sans raison, la défection du 6ᵉ corps au duc de Raguse, et que ce dernier eût mieux fait d'assumer franchement sur sa tête la responsabilité de cet acte, au lieu de chercher à le rejeter sur ses généraux.

Si l'exécution matérielle a été hâtée, le fait moral n'en subsiste pas moins entièrement à la charge du duc de Raguse.

Nous terminerons ces considérations, déjà bien étendues, par quelques réflexions sur la conduite que Marmont prétend avoir tenue avec Schwartzemberg, dans toute cette triste affaire.

Le 2 avril, le duc de Raguse (c'est lui qui l'avoue), entre en pourparlers avec Schwartzemberg. Il traite avec le généralissime des troupes alliées. Le 4, après l'abdication, il *se dégage* (ce sont ses propres expressions) des négociations *commencées*. Le prince de Schwartzemberg y consent, et donne *son assentiment complet* (c'est toujours Marmont qui parle). On croit que tout est fini relativement à cette négociation; pas du tout; le 5, après le mouvement d'Essonne, il obtient de Schwartzemberg *une déclaration* anti-datée, *mise, quoique après coup, à la date du 4 avril, pour cacher la confusion qui avait existé et donner une apparence de régularité à ce qu'avaient produit la peur et le désordre.*

On en conviendra, voilà une singulière histoire, et le généralissime des armées alliées s'est montré bien bon prince dans cette circonstance.

De hauts personnages ayant joué un rôle à cette époque, donnent un tout autre motif à *la date du 4 avril* mise à *la déclaration;* c'est que le duc de Raguse sut se faire de sa conduite avant l'abdication, un certain mérite personnel auprès du nouveau pouvoir. Il fut très-flatté d'être considéré par l'empereur Alexandre, par les souverains et par les princes français eux-mêmes, comme un des auteurs les plus actifs de la Restauration.

Il nous reste encore à présenter, sur le sixième volume, quelques observations qui ne laissent pas que d'avoir une certaine importance historique.

Le maréchal a bien bonne envie de faire croire que l'une des plus belles, des plus hardies conceptions de la campagne de France, conception couronnée par les succès les plus brillants contre Blücher, lui est due.

« J'envoyai mes réflexions à l'Empereur, dit-il, et lui proposai cette opération. Elle me paraissait si utile que j'insistai. Je lui écrivis trois fois dans la journée sur le même sujet. Comme mes idées furent adoptées, et qu'un résultat brillant en a été le prix, j'en consacrerai ces souvenirs en insérant ici la lettre que j'écrivis au prince de Neuchâtel, le 6 février au soir, de Nogent. »

Voilà ce que dit Marmont. Malheureusement, ces trois lettres à l'Empereur, lettres dans lesquelles le maréchal prétend *insister* pour l'opération contre Blücher, ces lettres ne sont pas jointes aux *Mémoires*. Pourquoi donc le duc de Raguse ne donne-t-il pas la preuve de ce qu'il avance? La dépêche à Berthier, qui doit *consacrer ces souvenirs*, et qui est insérée, est fort pâle; mais, en outre, cette lettre est du *six au soir*. Or, le 6, de très-grand matin, Napoléon écrit à son frère :

« Le duc de Raguse est arrivé à Nogent avec son corps, pour contenir l'ennemi. Je me déciderai à le reconnaître ce matin, à m'y porter avec l'armée et à quitter Troyes. »

A trois heures de l'après-midi, Napoléon écrit de nouveau à Joseph :

« Faites-moi connaître la marche précise de toutes les troupes et de la deuxième division d'Espagne, ainsi que les renseignements que vous avez sur la route de *Châlons par Épernay et sur celle de Vitry par Sézanne...* Envoyez le duc de Valmy à Meaux ; *il correspondra avec moi sur Sézanne.* »

Donc, *le six au matin*, Napoléon avait combiné le mouvement offensif que le duc de Raguse prétend lui avoir conseillé le 6 au soir, et sur l'adoption duquel *il insistait le sept.*

Marmont donne deux lettres écrites par lui, le 7, à Napoléon. Dans la première, il s'excuse de n'avoir pu arriver qu'à huit heures du soir, à trois lieues de Sézanne, quelque diligence qu'il ait fait.

Dans la seconde, il donne des renseignements de détail sur l'ennemi.

Ni l'une ni l'autre ne contiennent le moindre conseil, le moindre projet de combinaison stratégique.

Bien plus, le maréchal termine la seconde lettre par ces mots :

« Arrivé là (à Sézanne), je suis en mesure d'exécuter tous les ordres que Votre Majesté voudra me donner. J'enverrai de fortes reconnaissances sur Montmirail, Épernay et La Ferté. »

Nous avons cherché vainement la trace du fait

avancé par le duc de Raguse. Il résulte, au contraire, de la correspondance de l'Empereur avec son frère, que, ainsi qu'on l'a vu, cette nouvelle prétention de Marmont à s'ériger en donneur de conseil, à prévoir tout ce qui est bien, à éviter tout ce qui est mal, n'est pas plus fondée que beaucoup de celles dont il a entretenu déjà ses lecteurs, entre autres sa prétendue insistance auprès du Premier Consul pour l'affaire de Fulton. L'Empereur, quoi qu'en pense le duc de Raguse, pouvait se passer de ses conseils. Pour tout ce qui était opération de guerre, il n'a pas encore trouvé son maître.

Un mois plus tard, Marmont se laissait surprendre par l'ennemi après l'affaire de Laon, et Napoléon écrivait le 11 mars :

« Il est probable que l'ennemi aurait évacué Laon, dans la crainte d'y être attaqué, sans l'échauffourée du *duc de Raguse, qui s'est comporté comme un sous-lieutenant.* »

Parlant d'un homme qui se pose comme ayant toujours donné d'excellents et utiles conseils au plus grand génie des temps modernes, voilà, de la part de l'Empereur, une phrase qui nous paraît sanglante. Napoléon ne semble pas partager entièrement, sur le duc de Raguse, la bonne opinion que le maréchal a de lui-même.

Avant de passer à l'examen des derniers volumes,

qu'on nous permette quelques mots sur les rapports personnels du duc de Raguse avec Napoléon.

Le maréchal établit qu'il n'a pas été l'objet d'une prédilection toute particulière de l'Empereur, il consacre plusieurs pages à un assez long plaidoyer, pour prouver qu'il a été traité d'une façon bien au-dessous de ses mérites.

« Deux jeunes officiers, dit-il, du même grade, se rencontrent.... l'un d'eux, favorisé par des circonstances qu'il saisit avec habileté, devient général; l'autre lui reste attaché *sans obtenir aucun avantage personnel.* »

En effet, Bonaparte prend en 1795, Marmont pour aide de camp, et, en 1798, de *capitaine*, Marmont est devenu *général*. Cet avancement est cependant une assez jolie récompense des services que le duc de Raguse a pu rendre au vainqueur de l'Italie, en lui servant d'aide de camp.

« Il (Marmont) suit la fortune du premier (Bonaparte) à ses risques et périls, même en *compromettant son avenir par pur sentiment d'affection.* »

Nous voudrions bien que le maréchal, dans ses Mémoires, ait spécifié d'une manière un peu plus précise quels étaient les *risques et périls* dont il parle, en quoi il compromettait son avenir en s'attachant à la personne de l'homme de guerre le plus haut placé à cette époque, et ce qu'il entend par son pur sentiment d'affection?

« Il (Marmont) n'a jamais, dit-il, été traité comme une personne objet d'une prédilection particulière. »

Cependant, en outre des grades les plus élevés de la hiérarchie, auxquels Bonaparte nomme son aide de camp en fort peu d'années, il lui confie à Alexandrie un poste des plus importants, il le ramène avec lui d'Égypte, il lui donne le commandement en chef de l'artillerie de son armée en 1800, il lui confie le commandement d'un corps de trente mille hommes en 1804, sur les côtes de l'Océan, le fait gouverneur des Provinces Illyriennes, le crée duc de Raguse avec une dotation en 1808, et enfin maréchal en 1809, après Znaïm, précisément après une faute grave commise par Marmont. Il est vrai qu'à propos de cette faute de Znaïm, Marmont dit plaisamment : « Je fais courir un danger imminent à l'armée autrichienne, qui l'amène à demander une armistice; » ainsi, ce n'est pas Wagram, c'est Znaïm qui détermine l'Autriche à traiter avec l'Empereur.

Quels sont donc les torts de Napoléon à l'égard de son ancien aide de camp? Ces torts, les voici :

1° Il ne lui a pas donné le bâton de maréchal à la première promotion, lors du rétablissement de cette dignité; il lui a préféré Masséna, Ney, Augereau, Davout et quelques autres qui avaient eu de grands commandements devant l'ennemi, qui gagnaient des batailles lorsque le duc de Raguse n'était encore qu'un officier, de mérite sans doute, mais un officier peu élevé en grade et n'ayant eu occasion de rendre que des services d'un ordre secondaire, n'ayant pas manié des troupes devant l'ennemi ;

2° Il ne l'a pas comblé de richesses ; il ne l'a pas associé à ses plaisirs, aux charmes de sa cour ?

En effet, tandis que la plupart des maréchaux étaient sans emploi, Marmont avait, lui, dans les Provinces Illyriennes, une espèce de vice-royauté. C'est comme si un gouverneur-général de l'Algérie, de nos jours, se plaignait d'occuper le poste le plus élevé dans notre colonie africaine, au lieu d'être à Paris.

Il ne l'a pas comblé de richesses, et cependant nous trouvons dans le procès que Marmont eut avec sa femme en 1828, ce passage curieux écrit tout au long dans le Mémoire de ses avocats :

« Elle (la duchesse de Raguse) n'était pas insensible non plus à un accroissement rapide de revenus dont elle prenait sa part ; et certes, lorsqu'en *traitements et en dotations*, M. le duc de Raguse touchait *cinq cent mille francs à peu près par an*, la fille de M. le banquier Perregaux..., etc. »

Ainsi donc, Marmont touchait 500,000 fr. chaque année sous l'Empire. C'est cependant un assez joli traitement ; nous ne pensons pas que tous les maréchaux de Napoléon aient eu des émoluments beaucoup plus considérables.

Parlant de son commandement en Espagne, non-seulement le duc de Raguse n'avoue pas avoir commis une faute grave en livrant la bataille des Arapiles sans attendre sa jonction avec le roi Joseph, mais il prétend que cette bataille, toute fâcheuse qu'elle est, jette encore un grand éclat sur nos armes. Soit ; mais elle n'en jette pas moins non plus le roi et ses troupes dans la plus fâcheuse position, elle n'en est pas moins le premier chaînon de cette dernière série de revers qui se termine à Vittoria l'année suivante. Elle ne change pas moins en défaite, par un simple motif d'amour-propre, une victoire presque sûre deux jours plus tard ? Et cependant, Napoléon, tout en faisant beaucoup de bruit, en jetant feu et flamme contre l'auteur de cette malheureuse affaire qui déjoue tous ses projets dans la Péninsule, ne lui confie pas moins, l'année suivante, un grand commandement dans son armée d'Allemagne. Nous savons bien qu'à cela, s'il vivait encore, Marmont répondrait : c'est qu'il ne pouvait pas se passer de mes talents. Cependant, Napoléon put bien, à cette époque, se passer des talents du vainqueur de Zurich envoyé dans le midi de la France avec un commandement sans importance.

Le duc de Raguse trouve tout le monde coupable afin de se blanchir ; il déteste principalement trois hommes : Napoléon, parce que son orgueil a été blessé de n'avoir pas été fait maréchal avant tous ses camarades. Il déteste le prince Eugène, parce que son orgueil a été blessé en recevant de lui, en 1808, une lettre qu'il trouve dure et injuste ; il déteste Joseph, sans doute pour quelque motif de même gravité, mais que nous n'avons pu découvrir.

Voilà ce qui, pour nous, ressort à chaque ligne des Mémoires du duc de Raguse.

On trouve encore à la fin du sixième volume, un portrait en antithèse de l'Empereur.

Jusqu'à Tilsitt le duc de Raguse fait de Napoléon un demi-dieu, après Tilsitt ce demi-dieu devient un quasi roi fainéant.

L'idée première de ce double portrait du même homme, n'est pas de Marmont ; un autre écrivain du plus grand mérite comme poëte, mais d'un mérite très-contestable comme historien, a dit à peu près la même chose dans son ouvrage sur la Restauration.

A l'un et à l'autre on peut répondre : Comment faire cadrer ce que vous avancez avec ce que personne n'ignore ? Vous représentez le Napoléon de 1810, gras, lourd, sensuel, occupé de ses aises, insoucieux, craignant la fatigue, etc. Et nous voyons cet homme, qui domine l'Europe, quittant ses aises, secouant son insouciance, bravant des périls et des fatigues plus grands que ceux qu'il n'a pas craint d'affronter jusqu'alors, pour s'en aller, tout gras, lourd et sensuel qu'il est, porter la guerre de la Vistule au Niémen et à la Moscowa, en 1812; pour se mettre à la tête de ses armées en 1813 et parcourir toute l'Allemagne en combattant ; enfin, pour lutter, en 1814, avec une persévérance inouïe, afin de défendre le sol sacré de la France. Cet homme, qui redoute la fatigue, ne quitte pas le cheval, l'uniforme et le bivouac, quand il pouvait, au moyen d'une paix (qu'on est tout prêt à lui concéder au prix de quelques sacrifices de territoire), vivre tranquillement à Paris dans son palais des Tuileries, dans ses résidences impériales, au milieu de toutes les jouissances que la puissance suprême et les trésors peuvent donner ?

Le contraste qui ressort des deux portraits tracés par le duc de Raguse, peut avoir son mérite comme figure de rhétorique, comme appréciation historique il est plus spécieux que vrai. La constitution physique de Napoléon pouvait s'être modifiée avec l'âge, les idées de l'Empereur et roi pouvaient n'être plus les mêmes que celles du général en chef des armées d'Italie et d'Egypte ou même du Premier Consul, mais nous doutons fort qu'on puisse admettre qu'au moral le changement ait pu être aussi radical que le prétend le duc de Raguse.

## VII.

Après six volumes dont trois au moins sont employés à la critique la plus amère sur l'Empire et sur les hommes de cette époque, on doit penser que le duc de Raguse, au moment où il atteint la Restauration, va secouer le fiel de sa plume et exposer sans passion l'histoire de cette ère nouvelle. Vain espoir, voici le trait d'union, la phrase de transition qui relie, dans son ouvrage, la Restauration à l'Empire : « Je vais quitter cette époque de gloire et de calamité... pour peindre un monde nouveau. *Ici tout est petitesse, et souvent la petitesse va jusqu'à la dégradation.* »

N'est-on pas tenté de se demander, en lisant cette phrase sanglante et injuste, comment il se fait qu'avec des idées pareilles sur *le monde nouveau* dont il parle, le duc de Raguse ait consenti à mettre son bras et son épée au service de *ce monde*. N'eût-il pas été plus noble à lui, quand il vit *les intrigues* et *les actions d'êtres souvent abjects* (ce sont ses propres expressions), n'eût-il pas été plus noble de se retirer sous sa tente et de vivre hors de ce monde, à l'abri de ces intrigues, lui qui avait fait de si grandes choses?

Au lieu d'agir ainsi, il est le premier, au contraire, à donner à plein collier dans cette Restauration qu'il méprise si fort. Il est vrai que ce gouvernement tant méprisé par Marmont, de concert avec les souverains étrangers, paya largement l'ancien aide de camp du général Bonaparte. Ambitieux, ayant un amour-propre immense et des besoins de luxe plus grands peut-être encore, le duc de Raguse imposa silence à ses sentiments et entra en composition avec sa conscience comme il l'avait fait quelque temps auparavant avec l'ennemi.

La tâche que nous nous sommes imposée et dont nous ne voulons pas sortir, ne nous permet pas de prendre en main la cause du gouvernement de la branche aîné des Bourbons; mais s'il était dans notre cadre de nous étendre à cet égard, nous dirions que deux fois les représentants des anciens Rois furent accueillis en France avec amour, avec enthousiasme, presqu'avec délire. Nous dirions que les hommes qu'ils menaient avec eux, s'ils manquaient quelquefois des talents nécessaires pour gouverner les peuples, ne manquaient ni de loyauté, ni de franchise, ni des belles et nobles vertus dont les princes, les premiers, donnaient l'exemple à la nation. La Restauration fut un gouvernement quelquefois faible, souvent inhabile, mais toujours honnête. L'histoire impartiale a fait justice de ce reproche ridicule qu'on lui adressa si longtemps d'avoir été imposé au peuple français par les baïonnettes étrangères. La France, au milieu de ses désastres glorieux de 1814 et de 1815, fut heureuse de trouver une tête empreinte de la majesté royale pour y placer une couronne chancelante. Malgré la position délicate dans laquelle ils se trouvaient placés par la nature même des événements politiques, les descendants de saint Louis, de Henri IV et de Louis XIV ne faiblirent pas un seul moment en face de l'étranger. On doit leur savoir gré d'avoir tenu très-haut le drapeau de la France, quelle que soit la couleur de ce drapeau, et s'ils conservèrent encore long-temps les idées puisées dans l'exil et le malheur ou qui étaient une conséquence de leur origine, il est permis de pardonner quelque chose à qui a tant souffert.

Le septième volume du duc de Raguse, après l'exorde sur la Restauration, commence par une série de portraits sur les ministres de Louis XVIII et sur les principaux personnages politiques de cette époque. Ces portraits rappellent la récente et spirituelle comédie des *Faux-Bonshommes*. Pas un des héros de Marmont qui, après l'exposé de ses qualités, de ses vertus, n'ait son *mais* ou son *seu-*

*lement.* De tous les hommes dont il parle, un seul ne reçoit que des éloges, c'est son ancien aide de camp, le colonel, maintenant général de la Rüe. Certes, il faut que le caractère du général de la Rue soit bien beau et bien honorable pour que le duc de Raguse consente à l'avouer sans mettre aucune restriction dans ses éloges qui, du reste, n'apprendront rien à personne.

Marmont raconte une histoire dans laquelle Bernadotte aurait offert, en 1814, de passer de notre côté si l'Empereur voulait lui garantir une souveraineté dans le cas où il perdrait ses droits à la couronne de Suède.

On trouve, en effet, dans la correspondance de l'Empereur avec son frère, en 1814, une trace de ce fait ; mais Napoléon ne paraît pas y attacher une grande importance, car il semble vouloir tirer parti de cette espèce de négociation avec le prince royal, plutôt pour avoir des renseignements sur les armées alliées que pour traiter réellement. C'est, du moins, ce qui semble ressortir de la lettre suivante de Napoléon :

« Mon frère, j'ai vu la personne attachée à Madame Bernadotte, que vous m'avez envoyée. Parmi de bonnes choses, elle en dit beaucoup qui sont fausses. Si vous êtes sûr de ce serviteur, je crois qu'il serait important de le renvoyer une seconde fois, et d'en envoyer encore d'autres, cela n'aurait-il que l'avantage de nous procurer des renseignements sur ce qui se passe dans les provinces.... Avant d'envoyer cet individu, soyez bien assuré que ce n'est pas un traître, et recommandez-lui la plus profonde discrétion. »

Parlant de la formation de la chambre des Pairs, le duc de Raguse qui, pour la Restauration comme pour l'Empire, procède par voie de dénigrement, s'écrie : « Une chose fâcheuse, maladroite et injuste, fut de n'y pas comprendre (dans la Chambre) Masséna, dont le nom glorieux marque d'une manière si éclatante dans notre époque. » Nous ne comprenons pas d'où vient cet accès rétrospectif de bonne camaraderie, lorsque nous lisons dans la notice sur la vie du prince d'Essling (1) : « Maintenu par Louis XVIII gouverneur de la 8e division militaire, Masséna vint à Paris vers la fin de mai, reçut un accueil bienveillant du Roi, qui le nomma commandeur de Saint-Louis le 24 septembre, et *s'il ne fut pas créé pair de France, c'est qu'il lui fallait d'abord obtenir des lettres de grande naturalisation.* »

Page 57 et suivantes, Marmont revient encore une fois sur la bataille de Paris, pour s'écrier : Que ce

---

(1) Cette Notice sur la Vie et les Campagnes de Masséna, précède les Mémoires du prince d'Essling. Elle a été rédigée, comme les Mémoires, par le général Koch, sur les documents fournis par la famille du maréchal.

combat fut l'objet des plus odieuses et des plus injustes accusations. Nous répéterons ce que nous avons dit plus haut : Ce ne fut pas l'affaire de Paris, mais l'affaire d'Essonne qui donna lieu aux accusations contre le maréchal. Le duc de Raguse consacre de nouveau de longues notes à sa justification. On sent que ce mouvement d'Essonne, dont il parle sans cesse, est un remords vivant qui le suit partout et toujours. L'ancien chef du 6ᵉ corps semble poursuivi par une idée fixe qui l'absorbe et dont il voudrait à tout prix se débarrasser. Il cherche quelqu'un qui lui dise : Vous avez eu raison, et il ne le trouve pas.

Il n'entre pas dans nos intentions de nous mêler, à propos de ces Mémoires, des affaires particulières du duc de Raguse avec la maréchale sa femme, cela n'importe nullement à l'histoire ; Marmont aurait dû le comprendre en écrivant son dernier ouvrage ; mais, à propos de ces tristes discussions de famille, nous ferons remarquer une contradiction nouvelle, par laquelle le maréchal détruit d'un seul coup tout ce qu'il a dit lui-même de l'injustice de l'Empereur à son égard :

Volume VIᵉ, page 284, on lit : « Si je jette un regard sur les dons que Napoléon m'a faits, ils ont peu d'importance en les comparant à ceux dont d'autres ont été comblés. Jamais aucun bienfait d'argent ne m'a été accordé. Mes dotations ne s'élevaient pas au delà de celles des simples généraux. »

Volume VII°, page 62, on lit : « *De grands traitements*, qui augmentaient sans cesse, *des dotations considérables* et tous les avantages d'une position brillante, etc., furent partagés avec elle. »

Comment concilier la page 284 du sixième volume avec la page 62 du septième ? Nous l'avons dit plus haut, les besoins de la cause !

Volume VI°, il faut prouver que Napoléon est un ingrat.

Volume VII°, il faut prouver que la maréchale est une ingrate.

Le duc de Raguse arrive bientôt aux Cent-Jours. Au lieu de s'en tenir à raconter ce qu'il fit et ce qu'il vit, il aborde les événements de la courte campagne de Belgique. Il fait, de la bataille de Waterloo, un récit où il entasse erreur sur erreur :

1° — Napoléon devait, dit-il, faire une attaque matinale ;

2° — La cavalerie française opère un grand mouvement, réduit en poussière la cavalerie anglaise ; mais, n'étant pas soutenue, elle doit renoncer au combat ;

3° — La garde s'ébranle, mais elle est écrasée sans même avoir montré une valeur conforme à son ancienne réputation... Elle se met en déroute ;

4° — Napoléon s'est trouvé si éloigné du champ

de bataille, pendant cette journée, qu'il n'a pu modifier l'exécution de ses projets ;

5° — Au moment du désordre, la terreur s'empare de Napoléon ; il se retire au galop.

1° Napoléon devait faire une attaque matinale, prétend le duc de Raguse ; mais le pouvait-il ? La pluie, le défoncement du terrain, les armes mouillées, le manque de vivres, tout cela permettait-il d'attaquer de grand matin ?

« La nuit (du 17 au 18 juin 1815) fut affreuse, dit le maréchal Drouet d'Erlon ; la pluie tombait avec abondance, ce qui avait détrempé le terrain de manière à gêner beaucoup les mouvements de l'artillerie. Les troupes avaient passé la nuit sans abri, *aucun fusil ne pouvait faire feu.*

« Un officier, envoyé le matin aux avant-postes par l'Empereur, lui avait rendu compte que l'ennemi continuait son mouvement de retraite ; je reçus l'ordre de me mettre en marche et de le poursuivre avec vigueur. Ayant jugé le mouvement de l'ennemi tout autrement que l'officier, j'envoyai mon chef d'état-major à l'Empereur, pour lui dire que je pensais que l'ennemi se disposait à recevoir une bataille.

« L'Empereur vint immédiatement aux avant-postes. Je l'avais accompagné ; ayant mis pied à terre pour nous rapprocher des vedettes ennemies et examiner de plus près les mouvements de l'armée auglaise, il s'aperçut que j'avais raison, et étant convaincu que l'armée prenait position, il me dit :

— « Ordonnez aux troupes de faire la soupe, de mettre les armes en état, et nous verrons vers midi. »

2° Le mouvement de cavalerie est entièrement défiguré dans le récit du maréchal. Voici comment le colonel Heymès, aide de camp de Ney, et témoin oculaire, raconte ce fait :

« C'est à ce moment que le maréchal, jugeant de l'importance qu'il y avait à faire occuper la position du centre, abandonnée par l'ennemi, et n'ayant point d'infanterie à sa disposition, fit demander *une brigade de cavalerie*. Cette troupe exécuta son mouvement au trot ; mais on ne sait par quel vertige elle fut suivie de toutes les réserves, sans excepter celles de la garde qui, comme on sait, n'obéissaient jamais qu'à ses propres officiers ou aux ordres de l'Empereur qui les ménageait. Toute cette cavalerie, au nombre de quinze mille chevaux, vint s'entasser sans ordre et se gêner réciproquement... etc... On apprit alors que ce mouvement spontané de notre cavalerie avait eu lieu parce que les réserves avaient vu l'ennemi abandonner sa position ; on le crut en retraite, etc. »

3° La garde ne montra pas une valeur conforme à son ancienne réputation.

Est-ce bien un maréchal du premier Empire qui écrit une semblable fausseté ?

« Entre sept et huit heures du soir, dit encore le colonel, plus tard général Heymès, la droite du corps prussien, conjointement avec la gauche des Anglais, forcèrent notre extrême droite et la refoulèrent vers le centre, en menaçant en même temps les derrières du 6ᵉ corps. Cette marche audacieuse détermina l'Empereur à envoyer quatre bataillons de la garde au maréchal Ney, avec lesquels il ralentit un peu le succès de l'ennemi. *Cette troupe paya de sa vie* L'AUDACE *d'une défense devenue maintenant impossible.* »

4° Napoléon, d'après le duc de Raguse, semble se tenir à l'écart pendant cette journée, et prendre plus soin de sa propre sûreté que de tout autre chose. Cependant, tous ceux qui ont décrit cette bataille funeste de Waterloo, disent que l'Empereur se tint sur une butte élevée, à gauche de la route, d'où il pouvait voir tout le terrain.

5° Au moment du désordre, la terreur s'empara si peu de lui, qu'on eut de la peine à obtenir qu'il se retirât du champ de bataille. Il était nuit close quand il consentit à quitter le terrain. Il courut de si grands dangers personnels, qu'il fut contraint de se réfugier dans un des carrés de sa garde (1).

« La perte de la bataille de Waterloo, ajoute Mar-

---

(1) Lire les relations de Gourgaud, Heymès, Drouet d'Erlon.

mont, a été causée, d'un côté, par *la direction incertaine, le décousu des attaques et l'éloignement du champ de bataille de Napoléon;* tandis que, de l'autre, l'armée anglaise était ensemble, et Wellington, placé dans les lieux les plus exposés, a su maintenir la confiance par sa présence et la bravoure extraordinaire qu'il a déployée. »

C'est-à-dire, d'après le duc de Raguse, que Napoléon montra aussi peu d'énergie et même de courage, que son adversaire Wellington déploya de vigueur, de talent et d'intrépidité.

Dès le commencement de ce volume, on voit, chez Marmont, une tendance à poser Napoléon en homme par trop *prudent.* Nous croyons que l'Empereur, occupé de grandes combinaisons, ne réfléchit même jamais au plus ou moins de danger qu'il pouvait ou non courir sur tel ou tel point d'un théâtre d'action. S'il en eût été autrement, il n'eût jamais fait la guerre.

Nous trouvons, page 133, un trait de vanité de Marmont, ravissant de naïveté, et qui prouve jusqu'où l'amour-propre peut pousser un homme d'esprit.

« Enfin, dit-il, quand Montrond revint de la mission qu'il avait eue à Vienne pendant les Cent-Jours, il (Napoléon) s'informa auprès de lui de ce qui me concernait et ce que je devenais. Il demanda, avec *une sorte d'inquiétude, si je n'entrais pas pour quelque chose dans la direction des opérations contre lui;* et comme Montrond paraissait étonné que, dans cette supposition, il s'en alarmât (tout le monde comprendra, en effet, l'étonnement de M. de Montrond), il lui répondit : — « Ne vous y trompez pas ; Marmont est un homme de beaucoup d'esprit et de beaucoup de talent ; mais de beaucoup de talent ! »

A la suite du livre xxie des *Mémoires du duc de Raguse*, on trouve, entre autres documents, l'extrait du journal d'un officier prussien, l'un des commissaires qui ont accompagné Napoléon depuis son départ de Fontainebleau jusqu'à son embarquement pour l'île d'Elbe. Cette pièce, déjà imprimée, et que Marmont craignait sans doute de voir rester inconnue, est un récit de mauvais goût dont rien ne prouve la vérité. On ne comprend pas que l'esprit de vengeance ait pu égarer à ce point le duc de Raguse, qu'il s'efforce sans cesse à vouloir représenter Napoléon comme un lâche. Nous l'avons déjà dit, l'homme qui, de 1793 à 1815, passa les trois quarts de sa vie au bivouac et sur les champs de bataille, ne pouvait avoir l'âme accessible à la crainte. Toutes les perfides insinuations de son aide de camp ne sauraient l'atteindre; mais il n'en reste pas moins la honte pour son accusateur, d'avoir été puiser aux sources les moins avouables, afin de jeter un jour odieux sur la plus grande gloire de son pays. Cette tendance si marquée de Marmont à poursuivre l'Empereur et bien d'autres de sa haine implacable, empêchera toujours son dernier ouvrage de prendre place parmi les œuvres historiques de valeur. On est étonné que le maréchal n'ait pas compris qu'il assignait une place d'un ordre secondaire à ses *Mémoires*, en se mettant en dehors de la justice, du calme et de la vérité. Il est impossible, à part toute considération d'opinion politique, quel que soit le parti auquel on appartienne, de ne pas éprouver un double sentiment de dégoût en lisant l'extrait du journal du commissaire prussien. Si l'on comprend jusqu'à un certain point, que de pareilles choses aient pu être écrites après 1814, par un homme qui avait peut-être mission de rabaisser le héros dont s'honore la France, on ne peut qu'être indigné qu'il ait été aidé dans cette propagande par un officier général français.

Le duc de Raguse a, contre le Napoléon de 1804, un grand grief; il n'a pas été nommé maréchal à la première promotion. Il a contre le Napoléon de 1815, un autre grief non moins grand; il a été accusé de trahison. Ces deux faits sont les deux puissants mobiles qui le rendent partial et injuste.

La proclamation du 1$^{er}$ mars 1815 de l'Empereur, pièce politique contre les conclusions de laquelle s'élève avec tant de force Marmont, tout exagérée qu'elle puisse paraître, n'en est pas moins vraie dans le fond.

1° Si, en 1814, le duc de Castiglione ne livra pas Lyon sans défense à l'ennemi, ainsi que le dit Napoléon, il est cependant positif que, pendant huit jours, Augereau eut entre ses mains le sort de la France, et qu'il ne sut pas ou ne voulut pas faire usage de son armée pour opérer sur les derrières des armées alliées, au moment où les victoires de Champaubert et de Montmirail rendaient son intervention *décisive* dans la campagne de France. Au lieu d'entrer en ligne contre les Autrichiens commandés par Bubna et de les pousser sur Genève en marchant sur cette ville, dès qu'il eut réuni à Lyon les vieilles divisions venant d'Espagne, Augereau tergiversa et perdit plusieurs jours. Contraint par les lettres impératives de l'Empereur et du duc de Feltre de se mettre en mouvement (1), il le fit avec mollesse, disséminant maladroitement ses forces, il ne soutint pas le général Dessaix qui, devant Genève, allait s'emparer de la place lorsque le duc de Castiglione se replia sur Mâ-

---

(1) Par ordre de l'Empereur, le roi Joseph mandait, le 24 février, au duc de Feltre : « Écrivez au duc de Castiglione pour lui renouveler encore l'ordre d'agir vigoureusement, et lui annoncer que l'Empereur a des motifs puissants de penser que l'ennemi est fort effrayé des mouvements qu'il doit faire. Le duc de Castiglione est appelé à rendre de très-importants services et à mériter, par son activité et sa vigueur, de nouveaux **titres de gloire**. »

con. Bref, il agit de telle sorte, qu'il mérita, à tort ou à raison (l'histoire impartiale n'a pas encore éclairci ce point), qu'il mérita d'être violemment soupçonné d'avoir été gagné par les offres de l'ennemi.

2° Cette autre phrase de la proclamation de l'Empereur, *lorsque la trahison du duc de Raguse livra la capitale et désorganisa l'armée*, n'est pas non plus rigoureusement exacte. Marmont ne livra pas Paris qu'il défendit avec une énergique résolution et avec talent, dont il prolongea même la défense autant et plus que personne ne l'eût fait; mais il désorganisa bien, en effet, l'armée restée fidèle à Napoléon, par le mouvement du 6e corps d'Essonne sur Versailles. Sans doute, il est peu probable que le grand homme de guerre eût pu réussir le 5 avril, l'eût-il tenté avec sa garde et les corps de Mortier et de Marmont, à rejeter les alliés de Paris. Il est plus douteux encore, qu'eût-il obtenu un succès, il fût venu à bout de changer l'opinion publique qui lui était contraire à cette époque; mais il n'en est pas moins positif que l'accusation portée contre le duc de Raguse, relativement à la défection du 6e corps, reste un triste fait acquis à l'histoire.

Afin de se laver de l'accusation portée contre lui, le maréchal Marmont revient une fois de plus sur l'affaire d'Essonne, et pour se disculper, il s'engage encore plus avant dans des aveux qui le condamnent. Il avoue (page 153 du volume VII<sup>e</sup>), que l'objet de ses négociations avec le prince Schwartzemberg était de *détacher* les troupes de l'Empereur et de *neutraliser* les projets de Napoléon. Donc le projet du mouvement sur Versailles était parfaitement arrêté dans son esprit, donc l'Empereur n'a pas tort en accusant le duc de Raguse de la défection du 6° corps.

Un peu plus loin et dans le même paragraphe, il dit deux choses en contradiction complète : « Jamais, écrit-il, Napoléon n'avait paru avec plus d'éclat que dans cette campagne (celle de 1814), » et trois lignes plus bas : « Il serait *impossible de justifier cette série d'opérations qui ont marqué les dernières années de son règne.* » Comment concilier ces deux oppositions ?

Puis ensuite, il prétend qu'on l'accuse à tort de trahison, et s'écrie : « Je le demande, où en était le prix ? j'ai rejeté avec mépris toute espèce d'avantages particuliers qui m'étaient offerts. » — De quels avantages veut parler Marmont ? Pourquoi ne s'explique-t-il pas d'une façon plus précise ?

Après l'histoire des Cent-Jours, le duc de Raguse aborde dans ce volume, l'histoire de la seconde Restauration jusqu'à la mort du roi Louis XVIII. Il raconte la condamnation de M. de Lavalette et ses efforts pour le sauver. Il se conduisit dans cette circonstance, nous le reconnaissons volontiers, avec toute la délicatesse, toute la bonté d'un noble cœur; mais pourquoi vient-il gâter sa belle action, dans ses Mémoires, par ce qu'il dit page 197.

Parlant des efforts de madame de Lavalette pour remettre une pétition à la duchesse d'Angoulême, il s'écrie : « Celle-ci (MADAME) l'évita par un mouvement violent et un écart, et en lui lançant un regard *furieux* impossible à peindre. »

Qui croira au regard *furieux* de madame la duchesse d'Angoulême ? Le malheur même n'est donc pas sacré pour le duc de Raguse ?

Avec sa manie de tout faire passer au crible de sa verve satirique, Marmont ne peut en rester sur une bonne et belle action, il faut qu'il détruise le charme de cette action, d'abord en jetant sur une auguste princesse, considérée par tout le monde comme une sainte, un vernis de cruauté loin de son âme si belle et si noble; ensuite, en initiant le public aux mystères d'intérieur de madame de Lavalette et de son mari.

On sait que le maréchal Gouvion-St-Cyr, militaire du plus haut mérite, fut chargé, pendant son ministère, de l'organisation de la garde royale. Le maréchal Marmont critique beaucoup l'organisation qui fut donnée à ce corps d'élite, parce qu'on ne suivit pas les idées qu'il avait émises à cette occasion. Après avoir posé quelques principes très-judicieux du reste, à notre avis, sur l'objet qu'une troupe de cette nature doit remplir, après avoir établi ses devoirs et ses droits, en avoir déduit son recrutement, il ajoute :

« D'après ces considérations, j'avais proposé de former la garde de quatre légions de quatre à cinq mille hommes chacune, composées de troupes de différentes armes, et dont chacune d'elles serait commandée par un maréchal de France qui en serait le colonel. Les quatre légions auraient eu des quartiers à vingt lieues de Paris, et auraient fourni chacune quinze cents hommes pour le service, etc.

« Au lieu de cela on fit une espèce d'armée sans dispositions spéciales. On créa huit régiments d'infanterie, six français et deux suisses. Ces vingt-quatre bataillons furent organisés en deux divisions. Quatre régiments de cavalerie légère et quatre de grosse cavalerie formant également deux divisions. Enfin, l'artillerie se composait de soixante bouches à feu. »

Le duc de Raguse trouve cette organisation défectueuse. Nous n'oserions entrer en lutte avec lui sur un sujet de cette nature ; cependant, nous dirons que l'organisation légionnaire que Marmont approuve, est depuis longtemps reconnue comme n'étant plus en rapport avec les besoins et l'instruction des armées modernes, et que le maréchal Gouvion-Saint-Cyr voulant que chaque arme fût représentée dans la garde royale, préféra les anciens errements aux idées renouvelées des Romains préconisées par Marmont. Ce qui vient d'avoir lieu de nos jours semble donner raison au ministre de Louis XVIII. Nous avons vu tout récemment la nouvelle garde impériale formée de régiments de toutes les armes. Depuis les zouaves et les chasseurs à pied, de création peu ancienne, jusqu'au train des équipages, tous les corps de l'armée, sans exception, sont représentés aujourd'hui dans la garde. C'est ce qui ne pouvait pas avoir lieu avec la légion ou espèce de phalange comme la voulait Marmont, phalange qui pouvait être excellente du temps des Romains, qui fut préconisée sous la Restauration par un général de l'Empire (Rogniat), et ridiculisée par le spirituel écrit d'un autre général de la même époque (Marbot), phalange enfin qui, dans les armées modernes, serait plus embarrassante qu'utile.

Du reste, c'est le maréchal Saint-Cyr lui-même, par l'organe de son historien le plus véridique et peut-être le plus éminent (1), qui va se charger de répondre au duc de Raguse.

« Cette formation (celle des légions départemen-

---

(1) *Vie du Maréchal Gouvion-Saint-Cyr*, par le baron Gay de Vernon, pages 398 et suivantes.

tales) était essentiellement transitoire, dit M. de Vernon, et Saint-Cyr n'avait renoncé que temporairement aux avantages de notre ancien système régimentaire. »

« Le roi tenait à conserver sa maison militaire, telle qu'on l'avait créée le 23 mai 1814 ; Saint-Cyr, au contraire, pensait que les corps privilégiés ne sont pas plus utiles à l'éclat du trône et à la force des armées qu'à la sûreté des souverains, etc.... »

« Personne n'était plus ferme dans ses idées que Saint-Cyr, et moins disposé que lui aux résistances systématiques. Se voyant obligé de contredire les sentiments personnels de Louis XVIII, il fit le sacrifice de quelques-uns des siens propres, condescendance qu'il s'est reprochée plus tard, et détermina ce prince à remplacer sa simple maison militaire par une garde royale qui serait une véritable réserve de guerre. Ce premier point ne fut pas le plus difficile à obtenir ; mais, quand on en vint aux mesures d'organisation, le ministre eut à lutter contre les prétentions de la Cour, les réclamations des commandants des compagnies de la maison du Roi, et les oppositions de l'empereur Alexandre et du duc de Wellington. Selon le projet de Saint-Cyr, la garde royale devait être un corps complet de 12,000 soldats d'élite, choisis moitié dans l'ancienne garde impériale, moitié dans les troupes de ligne (1), soumis à des règles qui maintiendraient parmi eux l'esprit d'émulation sans exciter le désir immodéré des grades et des priviléges. Les militaires de la garde auraient une solde plus élevée, des distinctions dans l'uniforme, le commandement à grade égal, et quand ils passeraient dans la ligne, le grade supérieur à celui qu'ils auraient exercé pendant quatre ans. »

« L'ordonnance du 1er septembre créa la garde royale, forte de 26,268 hommes, dont 3,700 de troupes suisses capitulées. Cette ordonnance attribuait aux régiments de la garde des avantages de grades et de rang plutôt que des prérogatives blessantes pour le reste de l'armée, et rompait l'homogénéité et l'équilibre qui doivent exister entre toutes les parties d'un grand état militaire. En fait, Saint-Cyr venait de remporter, sur les préventions du Roi, une difficile victoire, et cependant il se sentait vaincu : sa résistance aux mauvaises exigences de la Cour les avait déconcertées ; mais, contrairement à ses propres idées, il avait laissé introduire des priviléges dans l'armée et des soldats étrangers dans la garde du souverain. »

« D'après l'esprit qui avait présidé à cette complète

---

(1) On voit donc que Marmont a tort d'attribuer à Saint-Cyr le système suivi pour le recrutement de la garde royale.

réorganisation, les uniformes des troupes furent ramenés à la simplicité que les circonstances commandaient impérieusement... Saint-Cyr en bannit les ornements.... etc. »

On voit, d'après ce qui précède, que Saint-Cyr, ainsi que le prétend Marmont, n'introduisit pas, dans l'organisation de la garde royale, des *dispositions monstrueuses*; qu'on n'agit pas par caprice et d'une manière incohérente ; mais que tout fut, au contraire, raisonné.

Le duc de Raguse a raison de dire que Masséna ne fut pas dans le secret du retour de l'Empereur en 1815 ; car, lorsqu'on vint annoncer le débarquement de Cannes au gouverneur de la huitième division, ce dernier se trouvait à table avec un officier général à Marseille, et il ne put s'empêcher de s'écrier, en frappant sur la table et en se servant d'une épithète énergique : « Le voilà revenu. » Mais, deux jours plus tard, le prince d'Essling avait suivi le mouvement de l'armée, bien que cette révolution, contrairement à ce que dit Marmont, lui fût fort désagréable.

La fin du septième volume, nous nous plaisons à le reconnaître, est, à notre avis, d'un haut intérêt et écrite avec beaucoup plus de calme et de vérité que tout ce qui précède. Marmont rend justice au courage de la duchesse de Berry lors de ses couches ; il décrit sans passion, la guerre d'Espagne (1) et le beau caractère dont le duc d'Angoulême fit preuve pendant cette campagne ; enfin il donne les détails les plus curieux sur les affaires de Lyon et sur les derniers moments du roi Louis XVIII. Pourquoi Marmont n'a-t-il pas écrit de cette façon toute la partie historique de ses Mémoires !

## VIII.

« Le nouveau règne (celui de Charles X), dit le duc de Raguse, commença sous les plus heureux auspices; » nous dirons, nous, que le huitième volume des Mémoires du Maréchal commence par une calomnie et par une fausseté. La calomnie résulte de cette phrase : « Le marquis de Clermont-Tonnerre, *militaire de parade et de Cour*, sorti des troupes napolitaines et espagnoles, etc. » La fausseté, c'est d'avoir attribué à ce ministre une mesure prise bien avant lui, à laquelle le gouvernement fut obligé de se résoudre pour obéir aux exigences budgétaires, et que le mar-

(1) En parlant ainsi, nous entendons d'autant moins approuver ce que le duc de Raguse dit de quelques généraux, à propos de l'affaire Ouvrard, que pour avancer de pareilles insinuations, il faut, à notre avis, les appuyer sur des preuves.

quis de Clermont-Tonnerre eut le bonheur de faire adoucir.

Nous allons consacrer quelques lignes à venger d'une insinuation perfide un des hommes les plus honorables de la Restauration et, quoi qu'en dise Marmont, un des militaires les plus estimés et dont le nom est resté dans notre armée comme synonyme de talent, de bravoure et de loyauté. C'est tout simplement un des ministres les plus instruits et les plus probes dont s'honore l'armée française.

M. le marquis, maintenant duc de Clermont-Tonnerre, ce militaire de *parade et de Cour* (page 4) selon le duc de Raguse, qui a vécu (dit encore le maréchal, page 335) dans le temps de notre gloire et de notre grandeur, mais dont l'existence a passé inaperçue dans les derniers grades de *la milice* ou dans *de misérables troupes* auxiliaires sans valeur et sans considération, ce M. de Clermont-Tonnerre qui, avec tant d'autres beaux caractères, est en butte aux sentiments haineux de Marmont, a laissé de son passage aux ministères de la marine et de la guerre les plus nobles souvenirs.

Voici sa vie en deux mots. Les archives de la guerre ne mentent pas. Entré à l'Ecole polytechnique à la fin de 1799, le jeune Clermont-Tonnerre passa à l'école d'artillerie à Chalons. Envoyé à Metz comme adjoint au professeur de fortifications (ce qui prouvait des études sérieuses et suivies de succès), il fut désigné pour être chef d'étude à l'Ecole polytechnique; mais comme cette vie tranquille n'allait pas à ses goûts, il demanda à être employé dans un service actif. Il rejoignit donc à Dunkerque, au moment où la guerre était imminente contre la Grande-Bretagne, le cinquième d'artillerie à cheval, son régiment. Le général Mathieu Dumas, chef d'état-major du maréchal Davout, lui proposa d'être son aide de camp, il accepta et fit la campagne de 1805 à la Grande Armée auprès de cet officier général, employé lui-même comme aide-major général du prince de Neuchâtel. Après la bataille d'Austerlitz, le général Mathieu Dumas se rendit en Dalmatie et de là à Naples comme ministre de la guerre. Rien n'eût empêché le jeune Clermont-Tonnerre, le militaire de Cour et de parade, de rester auprès de son général; cependant, qu'on juge de la bizarrerie des choses, il sollicita et obtint d'être désigné pour le siége de Gaëte, une des plus rudes et des plus longues opérations de ce genre de l'époque impériale. Il eut le bonheur de s'y distinguer par un acte d'audace qui lui valut non-seulement l'admiration de Masséna, mais le grade de capitaine et la croix de la Légion d'honneur. Or, on était en 1806, et la croix de la Légion d'honneur, à peine instituée, ne se prodiguait pas, surtout aux jeunes officiers. Le duc de Raguse, ancien officier d'artillerie lui-même, n'a pu ignorer ce premier acte de la vie militaire du ministre de Charles X.

Le courage et la brillante éducation du capitaine Clermont-Tonnerre appelèrent sur lui l'attention du roi Joseph, qui le chargea d'organiser une compagnie d'artillerie de la garde. Promu chef d'escadron en 1807, il fut envoyé dans les Sept Iles et chargé des missions les plus dangereuses dans le sud de l'Italie. Voici comment le frère de l'Empereur appréciait M. de Clermont-Tonnerre. On lit dans sa correspondance avec Napoléon (1) :

« Pour M. Clermont, capitaine d'artillerie de ma garde, qui a *commandé* à Gaëte *la batterie de la citadelle* qui a forcé la reddition, il a fait plus que son devoir à ce siége, etc... » (*Lettre du 26 mars* 1807.)

« Que Votre Majesté ne s'étonne pas si j'ai tant de confiance dans le jeune M. de Clermont : cet officier a toute la prudence et la fermeté de l'âge mûr avec tout le feu et l'activité de la jeunesse. Si Votre Majesté en doutait, je pourrais facilement lui en fournir les preuves en lui envoyant tous les rapports qu'il m'a faits journellement depuis que je l'emploie comme aide de camp. Il a visité les îles Ioniennes, et est extrêmement discret et laborieux. »

(*Lettre du 3 mars* 1808.)

---

(1) *Mémoires du Roi Joseph.*

Nous n'ajouterons nul commentaire à ces lettres; celui qui sut mériter, à l'âge de 27 ans, de pareils éloges et fut l'objet d'une semblable correspondance entre deux souverains, peut regarder avec dédain les injures tombées de la plume d'un homme qui n'épargne personne et semble s'attacher à poursuivre de sa haine les plus grands noms de son pays.

Le roi Joseph ne voulut plus se séparer de M. de Clermont-Tonnerre. Il l'emmena en Espagne. M. de Clermont fit pendant cinq années cette rude guerre comme colonel. Il organisa le beau régiment Royal Irlandais (infanterie), dont il eut le commandement. C'est probablement ce régiment, cité en plusieurs occasions, que le duc de Raguse veut désigner lorsqu'il parle de milice ou de misérables troupes étrangères sans considération. (1)

Le gouvernement de la Restauration fit M. de Clermont-Tonnerre maréchal de camp et lui confia l'organisation d'abord, le commandement ensuite, de la belle brigade des grenadiers à cheval de la garde. En 1823, le roi lui donna le grade de général de division.

Ainsi, cet officier, que Marmont nomme un officier de parade et de Cour, a fait la guerre de 1805

---

(1) M. de Clermont-Tonnerre fut, à deux reprises, envoyé par le roi Joseph auprès de Napoléon, qui l'accueillit avec la plus extrême bienveillance.

à 1814, à la Grande Armée, en Italie et en Espagne.

Quant à la mesure de la mise en retraite des officiers généraux à demi-solde, en voici l'explication pure et simple :

Le maréchal Saint-Cyr avait mis le cadre des officiers généraux à *cent trente lieutenants-généraux et deux cent soixante maréchaux de camp ;* les Chambres avaient réduit le chiffre du budget pour la dépense des traitements à celle qui correspondait à ces deux nombres. Il y avait donc nécessité de rentrer dans le cadre, et cette opération ne pouvait être exécutée que par la mise en retraite d'un nombre d'officiers généraux assez considérable pour faire disparaître l'excédant.

Le duc de Bellune, qui avait succédé au maréchal Saint-Cyr, pour se conformer à la nécessité qui lui était imposée, avait fait rendre par le Roi, à la fin de son ministère, une ordonnance de mise en retraite. Le Roi l'avait *signée ;* elle ne fut pas insérée au *Bulletin des lois* et resta comme non avenue. Le baron de Damas remplaça le duc de Bellune. On lui proposa de faire mettre immédiatement l'ordonnance au *Bulletin des lois* ; il s'y refusa, se réservant d'examiner de nouveau cette affaire. Le marquis de Clermont-Tonnerre ayant succédé au baron de Damas *au moment où la loi du budget ne permettait plus de différer l'opération des retraites, voulut au moins adoucir une mesure qu'il n'était pas en son pouvoir d'épargner à l'armée.* Il obtint du Roi une ordonnance qui portait les nombres réglementaires du cadre des officiers-généraux à *cent cinquante lieutenants-généraux* et à *trois cents maréchaux de camp,* au lieu de cent trente lieutenants-généraux et deux cent soixante maréchaux de camp, nombre fixé par le maréchal Saint-Cyr. Quant aux règles suivies pour la désignation, les voici : On commença par les officiers qui avaient acquis le maximum de la retraite, puis par ceux qui en approchaient, et on compléta, autant que possible, le *maximum pour ces derniers,* en disposant en leur faveur de pensions sur l'ordre de Saint-Louis. Citons un exemple qui montre dans quel esprit l'application de cette mesure fut faite. Le général Excelmans avait été compris dans la liste des retraites, il servait depuis plus de trente ans, mais il avait été exilé en 1815. Il réclama comme n'ayant pas trente ans de service, attendu, disait-il, que, pendant son exil, il n'avait pas été considéré comme faisant partie de l'armée, n'ayant pas touché d'appointements. M. de Clermont-Tonnerre mit sa demande sous les yeux du Roi avec un avis favorable, et le Roi le rétablit sur le cadre d'activité.

Le duc de Raguse fut chargé de représenter le roi de France au sacre de l'empereur de Russie. Il donne sur Saint-Pétersbourg, sur l'empire du Czar et sur les armées russe et prussienne, des détails aussi curieux qu'instructifs. On suit avec plaisir le maréchal dans ses intéressants voyages, et l'on est presque fâché de son retour en France ; car, dès qu'il aborde les affaires de son pays, il devient injuste à l'égard des hommes, partial dans l'appréciation des événements (1).

Marmont s'attribue trois mesures importantes qui appartiennent en propre à l'officier général qu'il dénigre au commencement de ce volume, le marquis de Clermont-Tonnerre. Le maréchal prétend avoir rédigé le Code militaire pénal, avoir fait changer le matériel de l'artillerie, et appelé l'attention du gouvernement français sur les fusées à la congrève.

Or, le ministre de la guerre, alors marquis de Clermont-Tonnerre : 1° nomma deux commissions chargées de l'élaboration du Code et en *garda la présidence*. Il défendit ce Code à la Chambre des pairs.

2° Le comité d'artillerie, sous la présidence du général *Vallée*, s'occupa, par son ordre, et après un grand nombre d'expériences, d'étudier un système

---

(1) M. de La Ferronays, ambassadeur de France en Russie, rendit alors à Marmont le service de payer les dettes assez considérables qu'il avait contractées à Saint-Pétersbourg, et pour l'acquittement desquelles il avait engagé sa vaisselle plate. Le duc de Raguse ne parle pas de ce fait.

qui, présenté au Roi et adopté par lui, grâce à M. de Clermont-Tonnerre, remplaça le système Gribauval.

3° Enfin, ce même ministre acheta d'un Anglais que lui amena M. Dupin, le secret pour diriger les fusées à la congrève.

En supposant donc, ce qui est fort possible, que le duc de Raguse ait contribué à l'adoption de ces diverses mesures, il n'a pas le droit, cependant, de prétendre que la France les lui doit. C'est comme s'il se vantait d'avoir gagné une bataille à laquelle il aurait pris une part secondaire. Mais, dans les Mémoires du maréchal, depuis la première jusqu'à la dernière ligne, l'orgueil tient une si grande place, que le sentiment de justice disparaît. Si on le voulait croire, il serait à lui seul l'incarnation du demi-siècle pendant lequel il a joué un rôle. C'est tout au plus s'il consent à n'avoir pas remporté les victoires dans les combats où il ne se trouvait pas. Les batailles que d'autres ont gagnées, à l'entendre, il en a préparé le succès par ses conseils; les défaites, on les eût évité si on eût voulu adopter ses sages avis. Il dit, il répète à chaque page de son livre, qu'il a commandé dans vingt batailles, remporté trente victoires, absolument comme pourrait l'écrire Napoléon. Puis, quand, l'histoire en main, on fait le dépouillement de ses hauts faits, on trouve un assez grand nombre d'affaires malheureuses. Nous ne voulons pas dire pour cela que le duc de Raguse fût un homme ordinaire ou médiocre, tout le monde lui reconnaît un mérite réel, des talents et fort peu de modestie (1).

Le duc de Raguse, lorsqu'il a quelque sujet de haine contre un homme, se garde bien de parler des affaires qui sont la cause de ces haines. Il faut des recherches pour arriver à la découverte de la vérité.

Nous attribuons ce qu'il dit de M. de Clermont-Tonnerre au fait que nous allons rapporter, et nous ne croyons pas nous tromper.

En 1827, il y eut à Paris trois jours d'émeute qui n'étaient que le ballon d'essai des journées de juillet 1830. Le marquis de Clermont-Tonnerre, alors ministre, prit *directement* le commandement des troupes qui, par le fait même des ordonnances, devait être exercé par le major-général de service, alors duc de Raguse.

Le parti que prit en cette circonstance le ministre de la guerre pouvait être blessant, sans doute, pour Marmont ; mais le marquis de Clermont-Tonnerre,

---

(1) La façon dont le maréchal parle de lui pendant tout le cours de cet ouvrage est vraiment curieuse ; mais c'est surtout à propos de l'expédition d'Alger, que son orgueil se montre sans aucune mesure. Lui seul en France, à l'en croire, était en état de commander des armées !

Il prétend avoir fait décider cette expédition, avoir élaboré le plan qui fut adopté, tandis que c'est à M. de Clermont-Tonnerre que revient en grande partie la gloire d'avoir obtenu du Roi que l'expédition aurait lieu, tandis que c'est encore ce ministre qui en conçut le plan. Le Mémoire de M. de Clermont-Tonnerre est au ministère de la guerre.

tout en rendant justice aux qualités éminentes du maréchal, et bien qu'il n'ait jamais eu avec lui la moindre difficulté, pensa que l'influence que pouvait avoir la position politique du duc de Raguse, était de nature à prévenir une catastrophe. Comme ministre, M. de Clermont-Tonnerre était opposé à la dissolution de la Chambre et à celle de la garde nationale. L'exaspération était portée au plus haut point ; il donna donc des ordres directs, et ces ordres furent communiqués de seconde main à Marmont, contrairement aux usages hiérarchiques.

..... « Villèle, dit M. de Clermont-Tonnerre, informé par Lavau et Franchet, le premier, préfet de police, l'autre, directeur de la police du Royaume, des mouvements préparatoires d'une émeute qui pouvait devenir grave, en rendit compte au Roi, dans le conseil. Prévoyant que les troupes auraient l'occasion de se montrer, comme je ne voulais pas qu'un autre que moi en disposât, ainsi que cela était arrivé avec d'autres ministres, je dis au Roi : « Sire, comme les « troupes devront agir, c'est une affaire qui me re- « garde, et si le Roi m'en donne l'ordre, je prendrai « les dispositions nécessaires. » Villèle reprit : « Cler- « mont-Tonnerre a raison, et si le Roi veut le per- « mettre, je mettrai immédiatement Lavau et Fran- « chet à sa disposition. » Le Roi ayant approuvé, Villèle ajouta : « Clermont-Tonnerre, comme je fais

« les fonctions de ministre de l'intérieur, en l'ab-
« sence de Corbière (il était absent par maladie), je
« vous transmettrai exactement tous les renseigne-
« ments qui me parviendront. » En effet, il a tenu
parole.

« A la sortie du conseil, et dès que je fus rentré au ministère de la guerre, j'envoyai chercher Franchet et Lavau ; je leur fis connaître ce que Villèle m'avait dit au conseil, relativement à l'émeute, et ils me le confirmèrent avec plus de détails ; je leur donnai l'ordre d'abord de bien veiller, de s'informer, et ensuite je les priai de mettre leurs commissaires de police en campagne ; d'en former en quelque sorte leur avant-garde ; de leur ordonner d'employer tous les moyens de persuasion pour engager les groupes et la foule à se disperser ; de faire avancer derrière eux la gendarmerie, pour arrêter la foule et disperser les rassemblements, en n'employant la force que lorsque cela serait absolument nécessaire ; et je leur dis que j'allais prendre des dispositions pour que la troupe de ligne d'abord, la garde ensuite, s'il le fallait, vinssent à leur secours.

« La situation était d'autant plus difficile, que non-seulement le général Coutard, qui commandait la division, était absent à cause des élections, mais que Foucault, colonel de la gendarmerie, était aussi absent pour la même cause. Coutard était remplacé par

Montgardé, homme de toute vigueur, que j'avais connu à l'armée ; le comte de Foucault l'était par un chef d'escadron nommé Reisch, un brave et fidèle soldat. Je fis venir Montgardé, et après lui avoir donné connaissance de ce que j'avais dit à Lavau et à Franchet, je lui ordonnai d'appuyer avec la troupe de ligne l'action de la gendarmerie, et s'il éprouvait de la résistance, de la vaincre par la force, en apportant néanmoins, dans cette première journée, tous les ménagements convenables.

« Je fis enfin donner l'ordre au comte de Choiseul, maréchal de camp, aide-major-général de service de la garde royale, de venir me parler. Je savais que le maréchal, qui était de service, n'était pas au quartier général, et je ne le fis pas chercher. Le maréchal était fidèle au Roi comme soldat ; mais, sous le rapport politique, il s'était mis dans une situation fausse ; la conduite qu'il avait tenue en 1814 lui avait nui profondément dans l'esprit de l'armée ; le parti de la Révolution était encore plus défavorablement disposé pour lui ; et, cependant, il est certain qu'il avait toujours cherché à se réconcilier avec les libéraux. Je résolus donc de m'affranchir, si cela était possible, de sa coopération ; et, bien qu'il fût établi par les ordonnances, qu'en cas d'émeute, le major-général de service prenait le commandement supérieur de toutes les forces militaires de la capitale,

non-seulement je ne le fis pas appeler, mais quand Choiseul, aide-major-général, vint pour prendre mes ordres, je lui dis : « Le maréchal n'est point au quar-
« tier général ; vous ne l'enverrez pas chercher, et
« s'il vient, vous lui direz : Voilà les ordres du mi-
« nistre de la guerre, et voilà les dispositions que j'ai
« prises en conséquence de ces ordres, pendant vo-
« tre absence ; Monsieur le maréchal a-t-il d'autres
« ordres à donner ? — Au surplus, il ne viendra pas,
« dis-je à Choiseul, vous pouvez en être sûr. » Je dis ensuite à Choiseul de faire tenir la garde prête et d'envoyer de la cavalerie pour seconder les opérations de Montgardé, qui se tiendrait en communication avec lui. Je sentais bien qu'encore qu'il fût satisfait de mon oubli, le maréchal pourrait bien, quand tout serait terminé sans lui, se plaindre de l'abandon où je l'avais laissé et peut-être m'en demander raison ; mais l'intérêt du service me paraissait exiger que j'agisse ainsi, et la vérité est que jamais il ne m'en dit un mot ; de même que, de mon côté, je ne lui ai fait aucun reproche de sa disparition pendant les trois jours que l'émeute s'est renouvelée, et nos relations sont restées ce qu'elles étaient auparavant, c'est-à-dire très-convenables. »

Il nous reste à parler des journées de juillet 1830, dans lesquelles le maréchal Marmont joua si malheureusement sa dernière partie.

Naturellement le duc de Raguse affirme qu'il n'a commis aucune faute militaire ou politique, dans cette triste circonstance. On lui en reproche plusieurs militaires et une politique.

Marmont avait peu de troupes à Paris le 27 juillet, cela est vrai; mais il les engagea mollement, au lieu d'agir de suite et avec vigueur, comme on le fit depuis dans plusieurs circonstances analogues et toujours avec succès, il tergiversa. La preuve de ce que nous avançons se trouve donnée par lui-même, dans ses Mémoires, entrepris pour sa plus grande gloire et sa justification.

Page 272, il dit : « *Ne pas attaquer une insurrection au moment où elle éclate, c'est en assurer le succès.* Le retard dans l'emploi des moyens de répression, quand on n'a aucun secours important à recevoir immédiatement, double la confiance des révoltés, et, par conséquent, leurs moyens de résistance, et en même temps, les mêmes retards agissent en sens inverse sur l'esprit des troupes. »

Après avoir lu ces mots, quelle est la conclusion à tirer du principe donné par le maréchal, si ce n'est qu'en 1830 il fallait agir de suite avec vigueur....

Or, page 258, on lit : « *Je défendis de la manière la plus formelle, aux troupes, de tirer autrement que pour se défendre contre une attaque.* »

Ainsi, du moment où les insurgés n'attaquaient

pas, ne tiraient pas de coups de fusil, ils pouvaient impunément élever des barricades, couper les voies de grande communication, s'emparer des armes, piller les boutiques, enlever les vivres aux troupes.

C'est précisément ce qui eut lieu.

Marmont donne des principes très-vrais, des maximes judicieuses, puis sa conduite est en désaccord complet avec ses paroles.

Croit-on que le 4 décembre 1851, si le maréchal Magnan n'eût pas pris les mesures militaires énergiques qu'il ordonna, l'insurrection eût été aussi vite comprimée ?

Marmont affirme qu'il avait peu de moyens d'action ; il donne l'effectif de ses troupes ; cet effectif n'est pas celui que le prince de Polignac, alors ministre de la guerre par intérim, assure être le véritable. Qui a tort, qui a raison ?... Mais, en tout cas, comment, dans cet effectif, Marmont n'accuse-t-il que 12 pièces de canons quand personne n'ignore qu'à Vincennes, à quelques pas de Paris, se trouvaient 36 bouches à feu de campagne, attelées ? En supposant donc que le duc de Raguse ait trouvé ses forces trop peu considérables pour engager la lutte sur une grande échelle, en supposant qu'il ait cru de son devoir de ménager la population et de se tenir sur la défensive la plus stricte, pourquoi ne pas faire venir de Vincennes, dès le 27 juillet, l'artillerie dont la vue seule donne une puissance morale immense en pareille occasion? Quant à nous, nous avouons franchement que nous ne comprenons pas que le maréchal ait pu hésiter un seul instant.

A ce propos, nous placerons ici une note qui nous est communiquée par un ancien ministre de la guerre sous la Restauration.

« ............ J'étais accouru à Paris, le mardi 27 juillet, sur une lettre de M. de Polignac qui me disait qu'il avait quelque chose à me communiquer de la part du Roi. Sa lettre était arrivée en même temps que *le Moniteur*, qui contenait les fatales ordonnances; le soir même j'étais à Paris, je vis M. de Polignac qui me dit que le Roi me recevrait le lendemain et me donna rendez-vous à huit heures. Je lui demandai s'il était content des troupes; il me serra le bras et me répondit ces tristes paroles. *Nous vivons encore sur ce que vous nous avez laissé.* Le lendemain à huit heures j'étais chez M. de Polignac, il était absent; je me rendis près du maréchal Marmont et en entrant je lui dis : « M. le maréchal, j'ai « vu tirer le canon du côté du Pont-Neuf; oserais-je « vous demander si vous avez beaucoup de canons? » « Il y a les pièces de service, » me dit-il en se promenant dans son cabinet, d'où l'on entendait, dans la rue Richelieu, une fusillade assez rapprochée et assez vive. « Les pièces de service... c'est bien peu,

« lui dis-je, M. le maréchal ; ne pensez-vous pas à
« faire venir l'artillerie de Vincennes ?...—L'artillerie
« de Vincennes, me dit-il, le chemin est bouché.....
« — Cela est possible, lui dis-je, M. le maréchal, mais
« avec de l'artillerie on le débouche.... » Il continuait à se promener dans son cabinet, d'un air assez peu content, en regardant de temps à autre par la fenêtre. Après un moment de silence, je me hasardai encore à lui dire : « Je viens, M. le maréchal, de
« passer devant la manutention, elle n'est pas gardée
« et on fait des barricades de tous côtés. Si elle était
» enlevée, et d'un moment à l'autre elle peut l'être,
« ce serait d'un effet fâcheux : d'autant plus que
« l'on m'a dit que les soldats manquaient de
« pain... » — « Je leur ai donné de l'argent, » me répondit-il. — « De l'argent, M. le maréchal, mais de
« l'argent ne se mange pas, et vous pouvez être sûr
« d'ailleurs que les boulangers vendront plutôt du
« pain à leurs ennemis qu'à eux.... » J'étais debout, au milieu du cabinet : il continuait à se promener : après quelques instants je le saluai et je me retirai. »

Nous ajouterons encore un fragment d'une lettre écrite le 7 novembre 1832, par le prince de Polignac.

. . . . . . . . « L'autre erreur, plus grave sans doute, qui vous a été signalée de ma part, ne vous appartient pas, puisqu'elle se trouve dans une des pièces justificatives dont vous indiquez la source, et l'auteur de l'ouvrage que vous citez *s'est trompé matériellement sur l'état des forces que j'ai eu le malheur de confier au duc de Raguse;* c'est ainsi qu'il dit que, dans l'espace de huit jours, on aurait pu réunir trente-six pièces d'artillerie attelées. Le maréchal Marmont avait quarante-huit bouches à feu à sa disposition, *douze* à l'ancienne Ecole militaire du Champ-de-Mars, et *trente-six* à Vincennes; et il n'a pas jugé à propos de prendre ces *dernières, qu'il aurait pu avoir en une heure de temps,* pour former son parc d'artillerie, j'en ignore la cause.

« Je ne vous dissimule pas que de tous les coups dont il a plu à la fortune de me frapper, celui qui m'a exposé au blâme des personnes qui partagent mes opinions, relativement au peu de forces que j'avais confiées au duc de Raguse au mois de juillet 1830 a, de tous, été pour moi le plus pénible.

« Vous avez vu les choses sous leur véritable aspect, Monsieur, en représentant les ordonnances de juillet comme le prétexte et non la cause de la révolution de 1830. Le fait est que le trône était miné de tous côtés; les lois sur la presse et sur les élections, rendues par le ministère qui m'avait précédé, avaient livré les deux seules positions qui restassent à la monarchie, la faute réelle que j'ai commise est d'avoir espéré que la monarchie, qui était en état de siége, pouvait encore tenir quelque temps sans avoir recours aux mesures, non illégales, mais extrà-légales, qu'autorisait la disposition renfermée dans l'article 14. L'adresse des 221 ne put pas même ébranler ma conviction sur ce point, comme le prouve le rapport soumis au Roi en date du mois d'avril 1830, dans lequel je persistais encore à ne pas vouloir m'écarter de la stricte légalité; mais d'effrayantes révélations me dessillèrent les yeux au mois de juin; je pus sonder toute la profondeur du mal : les attaques dirigées contre le ministère n'étaient qu'un prétexte qui couvrait des projets plus sinistres, puisque, à cette époque, des personnes aujourd'hui dans le mouvement, me faisaient proposer de conserver le poste que j'occupais aux conditions qu'elles indiquaient; c'était la Charte et la monarchie qu'on voulait frapper au cœur; je ne pouvais plus m'y méprendre. Les événements ont prouvé si mes prévisions se sont trouvées justes (1). . . . . . »

Nous avons parlé d'une faute politique commise par le duc de Raguse, c'est celle d'avoir osé engager de son propre mouvement la responsabilité du Roi et

---

(1) En faisant connaître la partie de la lettre de M. de Polignac qui concerne le duc de Raguse, nous n'entendons pas nous faire le défenseur des opinions émises ici par cet ancien ministre. Nous faisons toute réserve sur les questions politiques, dont nous n'avons pas à nous occuper.

de ses ministres, lui simple commandant en second, à ce moment, des troupes rassemblées à Saint-Cloud, en publiant un ordre du jour dans lequel il annonçait le retrait des ordonnances. Cette faute, si elle n'autorisait pas la violence du Dauphin à l'égard de Marmont, l'explique parfaitement, et l'on comprend que ce prince, en voyant le même maréchal qui avait traité avec Schwartzemberg en 1814, parler aux troupes, en 1830, un langage que le Roi seul pouvait se permettre de tenir (1), put croire à une trahison.

Une chose assez curieuse, c'est que l'ordre du jour placé en note à la page 292 du VIII<sup>e</sup> volume, n'est pas celui qui fut lu aux troupes. Le voici tel qu'il fut écrit, l'original a été entre nos mains : « Les corps sont prévenus que le Roi, satisfait de

---

(1) Je parlais un jour au Roi, dit, dans une note qu'il veut bien nous adresser, un ancien ministre de Charles X, je parlais un jour au Roi des soulèvements qui pouvaient avoir lieu dans Paris, et des hommes qui pouvaient le mieux le servir dans ces circonstances exceptionnelles, et quand j'en vins au maréchal Marmont, je lui dis : « Sire, le maréchal « Marmont est un homme qui vous est fidèle, mais il n'est pas toujours « heureux, et la position qu'il s'est faite est difficile. Il n'a pas, dans mon « opinion, pensé à trahir l'Empereur, en 1814; mais il sait qu'il en est « accusé par ses anciens amis, et cette situation le tourmente. Le jour « où une révolution éclaterait dans Paris, il serait à l'instant préoccupé « de la pensée de se raccommoder avec eux, en les réconciliant avec le « Roi, et cette préoccupation lui ferait perdre une partie de ses moyens. « En un mot, Sire, ajoutai-je en terminant, puisse Dieu préserver le Roi « que le duc de Raguse commande, s'il y a un grand soulèvement dans « Paris. »

leur conduite, leur accorde une gratification qui leur sera payée de suite. Ils sont prévenus également que le duc de Mortemart s'est rendu à Paris, muni des pleins pouvoirs du Roi; que les ordonnances sont révoquées et les Chambres convoquées. »

Toutefois, nous aimons à reconnaître que le duc de Raguse tint, après cette scène déplorable, une conduite pleine de dignité.

S'il commit encore la faute militaire de ne pas donner à Rambouillet une vigoureuse leçon aux Parisiens conduits par le général Pajol, il se montra du moins fidèle au malheur en suivant jusqu'en Angleterre les descendants de nos anciens rois.

Nous nous arrêterons ici. 1830 est pour nous le point d'intersection de l'histoire et de la politique. L'histoire peut être appréciée par tout le monde. Avec des preuves on convainc les gens de bonne foi sur des faits historiques; avec ou sans preuves, on ne modifie les opinions politiques de personne.

Après avoir lu les huit premiers volumes d'un ouvrage dont nous avons attendu la publication avec une impatience facile à comprendre, après l'avoir commenté comme nous venons de le faire, nous ne le quitterons pas sans dire que nous avons éprouvé pour le pays et pour l'histoire le regret le plus vif en voyant combien l'orgueil et la passion ont fait faire fausse route à un homme d'un mérite transcendant.

Si le duc de Raguse eût consenti, à la fin de sa longue carrière, à mettre de côté son individualité et des haines personnelles indignes d'un noble cœur, pour écrire consciencieusement ce qu'il avait vu, fait et vu faire ; si, détachant cette épée de Damoclès qu'on appelle pour lui *Essonne*, il eût avoué franchement sa conduite en avril 1814 ; si, enfin, loin de chercher à se faire valoir, il n'eût songé qu'à écrire une histoire impartiale, il eût pu laisser à la France et au monde un ouvrage des plus curieux et des plus instructifs. Ce dernier service lui eût fait pardonner bien des choses. Dans notre pays on ne tient pas rigueur à qui avoue franchement ses torts. Mais avec le mode adopté par Marmont pour son œuvre posthume, avec son système de dénigrement général et d'admiration passionnée et perpétuelle pour sa propre personne, avec sa manie de s'approprier tout ce qui est bien, de rejeter sur les autres tout ce qui est mal ; avec sa fureur de s'en prendre aux hommes les plus honorables et que la France révère ; avec sa façon de dénaturer les événements pour les faire servir, en toute circonstance, à la justification de sa conduite ; avec les perpétuelles contradictions dont son ouvrage fourmille, comment, malgré le mérite du style, malgré des pages curieuses et instructives que renferment ces *Mémoires*, comment leur accorder la va- valeur d'un livre d'histoire? Quel historien osera jamais dire ou écrire : ce fait est vrai, il est dans les *Mémoires du duc de Raguse ?* Ne serait-on pas en droit de rétorquer l'argument, et de répondre : ce fait est faux, il est dans les *Mémoires du duc de Raguse ?*....

Le frère aîné de l'empereur Napoléon étant un des hommes dont la mémoire est le plus attaquée dans l'ouvrage du Maréchal Marmont, nous terminerons cet examen critique en donnant à nos lecteurs plusieurs lettres inédites écrites par le roi Joseph et qui ont trait aux affaires d'Espagne. Elles jettent un certain jour sur cette partie de notre histoire, et rectifient les erreurs dans lesquelles est tombé volontairement le duc de Raguse.

## IX.

*Joseph à la Reine.*

« Madrid, 16 juillet 1810.

« ....... Je désire cependant beaucoup savoir ce que devient l'Espagne avant que tu quittes Paris. Quant à moi je suis bien décidé à ne jamais transiger avec mes devoirs ; si on veut que je gouverne l'Espagne, pour le bien seulement de la France, on

ne doit pas espérer cela de moi. J'ai des devoirs de cœur et des besoins de reconnaissance envers la France qui est ma famille ; mais jamais, même dans la misère, je n'ai accoutumé mon âme à se dégrader pour le bien de ma famille, j'ai des devoirs de conscience en Espagne, je ne les trahirai jamais et je me complais trop dans le souvenir de ma vie passée pour vouloir changer d'allure aujourd'hui que je redescens la montagne. Je serai et resterai donc homme de bien, homme vrai, tant que mon cœur battra. Mon courage saura toujours se faire à tout, moins aux remords. Au reste, je ne sais pas pourquoi je t'écris si au long, tu me connais, crois que la royauté ne m'a pas changé et que je suis ce que tu m'as toujours connu. . .
. . . . . . . . . . . . . . .

(*Deux lignes indéchiffrables.*)
Secours de tant de provinces qui ne lui envoie plus rien et où la misère est profonde, puisque à Avila, à Ségovie même, des généraux français administrent mes provinces, renvoyent mes employés, et que Madrid est le rendez-vous où tous les malheureux aboutissent et où s'adressent tous les besoins. Je sens que cet état de chose me serait encore plus pénible, toi et mes enfants étant ici, et que je n'aurai plus la ressource d'errer avec un quartier général. Tout cela peut être réparé d'un mot de l'Empereur ; qu'il trouve bon que je renvoie les dilapidateurs, qu'il me

rende l'administration de mes provinces, et qu'il croie plus à ma probité qu'à celle de X... et de X... Arrivée ici avec mes enfants, il faut que je m'établisse d'une manière fixe à Madrid, il faut que je sache comment je pourrai y vivre, car aujourd'hui je ne le sais pas, l'Andalousie est absorbée par l'armée, les provinces épuisées par les insurgés. Il faut que l'Empereur connaisse ma position, qu'elle change sa justice ou que je la fasse changer par ma retraite des affaires. Tu dois donc venir en Espagne avec la connaissance de ce que veut l'Empereur, avec le projet d'y rester, ou résolue à la quitter pour la vie privée : il n'y a personne à Paris à qui je puisse écrire. L'Empereur a peu vu M. d'Azanza, que j'avais chargé de mes affaires. Quand tu en seras partie il n'y aura plus aucun moyen de communication, il est donc bon que tu saches bien avant de partir ce qu'il nous importe de savoir, et que nous ne pourrons plus savoir après.

« Je reçois une lettre de Lucien, du 15 juin; quelque déplorable que soit son sort, je l'envie encore et je le préfère mille fois à la figure humiliante que je fais ici. J'ai à me louer beaucoup des habitants de Madrid et de tous les Espagnols qui me connaissent. La guerre serait bientôt finie et l'Espagne pacifiée si on veut me laisser faire. »

« Valdemoro, 6 août 1810.

« Ma chère amie, j'ai reçu ta lettre du 26, je me porte bien, les quarante mille hommes qui sont devant moi ont repassé le Tage dont ils ont brûlé les ponts, le premier corps poursuit les Anglais; Soult avec 50,000 hommes marche à eux, je ne doute plus aujourd'hui qu'il ne soit arrivé sur le Tiétar où je l'espérai le 28. Je l'ai débarrassé, à Talaveyra, de dix mille Anglais; il n'en aura pas plus de vingt mille à compter d'aujourd'hui, et il aura pour cela les 50,000 Français et 20 mille que lui amène le maréchal Victor qui suit le mouvement de l'ennemi. »

« Madrid, 29 août 1810.

« Ma chère amie, je reçois tes deux premières lettres; tu auras reçu mes lettres dont était porteur le marquis d'Almenara, tu sentiras la nécessité de savoir à quoi t'en tenir sur notre sort avant de quitter Paris; je ne puis pas rester dans l'état actuel, il faut savoir ce que l'Empereur veut; s'il veut que je descende du trône d'Espagne, il faut lui obéir, il faut savoir où il veut et comment il veut que nous vivions: je ne puis pas rester ici avec le nom de Roi et humilié par tous les hommes qui tyrannisent les provinces de mon royaume : je ne veux pas vivre ainsi plus longtemps, j'attends donc tes lettres pour savoir à quoi m'en tenir. »

« Madrid, 3 septembre 1810.

« Ma chère amie, M. le colonel Chateau, aide de camp du duc de Bellune, te remettra cette lettre : j'attends Deslandes dont j'ai besoin. Ma situation ici par rapport à l'Empereur est telle qu'elle était lorsque Almenara est parti ; j'espère qu'à cette heure il y aura quelque chose de décidé : si tu pensais que l'Empereur ne voulût pas le mariage de Tascher, sans doute contre sa volonté, il ne faut pas le faire; dans ce cas, lui-même est trop raisonnable pour se marier ainsi; l'impératrice Joséphine l'a assuré du contraire, cependant, parles-en toi-même à l'Empereur si tu le juges convenable.

« Je désire bien que ta santé soit améliorée ; j'ai calculé qu'elle a empiré depuis l'époque où mes affaires d'Espagne ont si fortement empiré par le changement du système dans lequel il paraît que l'Empereur est entré pour ce pays et pour moi à la date du mois de février ; ce que je t'ai écrit à ce sujet de Ronda a-t-il donc tant influé sur toi ? je te croyais plus sage, si ta crainte ne vient que pour moi, sois tranquille ; je ne veux pas faire un faux pas, mais dès que je saurai bien que l'Empereur trouve bon que je me retire des affaires je serais plus heureux avec toi, mes enfants, un petit cercle d'amis et la conscience que tu me connais, que je ne l'ai été depuis que je suis placé si haut aux yeux du monde. Mets ta douceur, ta sagesse, ta prudence à savoir comment ou quand l'Empereur veut que je me retire, et je ne cesserai de te remercier d'avoir pu me tirer d'ici et de toute place publique ; je ne puis rester ici qu'autant que je pourrai faire le bonheur de la nation espagnole, en servant la politique générale de l'Empereur; mais toute entrave qui nuirait au but que doit se proposer tout Prince honnête homme me rend la place que j'occupe insoutenable. Je ne trouve pas mauvais que l'Empereur la fasse occuper par un autre, je resterai son ami et son frère dans la retraite comme si la grandeur n'eût jamais existé; mais il doit aussi être juste et ne pas prétendre que je reste plus longtemps où je suis, mannequin responsable de tout le mal que je ne puis ni prévoir, ni empêcher, également en butte à la déconsidération de la nation dont je me dis le Roi et que je ne protége pas, et de l'armée française que je ne commande plus de fait depuis la formation de l'armée du Midi, époque où le maréchal Soult a jeté le masque à mon égard, et où lui, ainsi que bien d'autres, font assez voir par leur conduite quelle doit être la mienne.

« Je t'embrasse avec Zénaïde et Charlotte, je me porte très-bien, et je ne serai content que lorsque je saurai qu'il y a quelque chose de décidé et en apprenant que tu en es contente. »

« Madrid, 7 octobre 1810.

« Ma chère amie, je reçois ta lettre du 17, je me porte bien, j'attends tes nouvelles; les affaires me paraissent aller bien mal à Paris ; on ne sait pas assez le mal que l'on se fait à soi-même, l'avenir prouvera si j'ai raison. »

« Valence, 4 septembre 1812.

« *Joseph, au major-général.*

« J'apprends par une voie indirecte, que le conseil des ministres ayant eu connaissance des résultats de l'action qui a eu lieu le 22 juillet dernier aux environs de Salamanque, entre l'armée du Portugal et l'armée anglaise, avait donné des ordres pour faire passer en Espagne des renforts, et remis à M. le prince d'Essling le commandement de l'armée du Portugal.

« En adressant à V. A. S. mes remerciements de l'empressement qu'elle et le conseil des ministres ont mis à prendre cette mesure, je crois devoir lui communiquer directement un sommaire des événements et de la situation des affaires militaires avant et après cette époque. Ma correspondance avec le ministre de la guerre en contient les détails en quelque sorte jour par jour ; mais dans la crainte qu'elle ne lui soit pas parvenue, il me paraît utile d'en rassembler ici les principaux faits.

« Le maréchal duc de Raguse ne s'étant pas cru en devoir d'attaquer les Anglais, après qu'ils eurent passé l'Agueda le 12 juin, se retira entre la Tormès et le Duero, et finalement passa sur la rive droite de ce fleuve.

« L'armée du Portugal resta dans cette position en rappelant à elle toutes ses divisions.

« L'armée anglaise demeura en observation sur la rive gauche du Duero, et ne fit aucune tentative pour le passer.

« Il était aisé de prévoir que le sort de l'Espagne pourrait dépendre d'une affaire qui paraissait inévitable, et qu'il était de la plus haute importance de mettre le duc de Raguse en état de combattre avec les plus grandes probabilités de succès.

« Je pressai des secours de toutes parts, mais mes ordres ne furent point exécutés : le général en chef de l'armée du Midi se refusa aux dispositions que j'avais prescrites ; et ce ne fut qu'après beaucoup d'hésitation que celui de l'armée du Nord se détermina à faire partir sa cavalerie et son artillerie que je lui avais ordonné d'envoyer au duc de Raguse.

« Réduit par conséquent à mes propres moyens, je pris le parti d'évacuer toutes les provinces du centre : je ne laissai de garnison qu'à Madrid et à Tolède et je formai un corps de quatorze mille hommes avec lequel je partis de Madrid le 21, pour me porter sur le Duero et effectuer ma jonction avec l'armée du Portugal.

« J'appris en route que M. le maréchal duc de Raguse avait déjà passé ce fleuve le 18 à Tordesillas ; que l'armée anglaise s'était repliée sur Salamanque. Je continuai à marcher avec la confiance d'opérer très-promptement ma jonction sur la rive gauche du Duero.

« Mais au moment où cette jonction allait avoir lieu, je reçus le 25 juillet, à Blasco-Sancho, des lettres de M. le maréchal Marmont et de M. le général Clausel, qui m'annonçaient qu'il y avait eu, le 22, une affaire générale ; comme ces lettres fixent d'une manière précise les événements *de cette journée où M. le maréchal duc de Raguse, à la veille de recevoir des renforts qu'il attendait depuis un mois, a engagé volontairement une action dont les résultats ont été si graves*, j'en adresse une copie à V. A. S.

« L'armée du Portugal faisant sa retraite en toute

hâte et sans chercher à s'appuyer des forces que j'avais avec moi, je ne pouvais plus que me retirer, et tout ce qui me restait à faire, était de tenter de ralentir la poursuite de l'ennemi par ma présence, en attirant son attention sur moi.

« Je partis donc le même jour 25, dans l'intention de me replier à petites journées sur Madrid.

« Le 27, je fus joint par un aide de camp (M. Fabvier) de M. le maréchal duc de Raguse, qui m'apportait des dépêches de lui et du général Clausel. L'un et l'autre me mandaient que la poursuite de l'ennemi était ralentie, et me témoignaient le désir de se réunir à moi si je voulais me rapprocher d'eux.

« Quoique je sentisse tout le danger de ce mouvement, je ne m'y refusai pas, et je me dirigeai sur Ségovie, où je restai quatre jours pour donner le temps à l'armée du Portugal de se porter vers moi; mais elle ne changea pas sa première direction, soit que l'ennemi l'en ait empêchée, soit qu'elle n'ait jamais eu le dessein réel de s'éloigner du nord : elle continua sa retraite sur le Duero qu'elle passa et se détacha ainsi totalement de moi.

« En revenant à Madrid, le 3 août, avec le petit corps de troupes que je ramenais, j'avais l'espérance d'être joint par dix mille hommes de l'armée du Midi que, depuis le 9 juillet j'avais donné l'ordre au duc de Dalmatie d'envoyer à Tolède. Je me flattais aussi que le corps du comte d'Erlon, de la même armée, qui était en Estramadure, aurait fait un mouvement pour se rapprocher du Tage suivant mes instructions. Avec ces ressources j'aurais pu défendre et couvrir la capitale contre un détachement que l'armée anglaise eût fait sur moi, après avoir rejeté l'armée du Portugal sur l'Ebre. Mais toutes ces espérances s'évanouirent à la réception d'une lettre de M. le duc de Dalmatie qui refusait positivement d'obéir.

« D'un autre côté, j'apprenais *que l'armée du Portugal s'éloignait de plus en plus du Duero et se retirait vers Burgos*; en même temps tous les rapports annonçaient que lord Wellington se préparait à marcher sur la capitale : toute la population y était en mouvement.

« En effet, l'ennemi ayant passé les montagnes le 8 et le 9, plus de 2,000 voitures partirent de Madrid le 10, en se dirigeant vers le Tage.

« Je me portai, le même jour, de ma personne, sur le point où leurs divisions, après s'être retirées des débouchés des montagnes, s'étaient repliées, et je fis reconnaître l'ennemi qui les suivait : cette reconnaissance engagea un combat très-opiniâtre de cavalerie et dont les résultats furent à notre avantage. L'ennemi perdit trois pièces de canon, beaucoup de morts, de blessés et un assez grand nombre de prisonniers, dont les rapports ne me laissèrent, au surplus, aucun doute sur le parti que j'avais à prendre.

« Je n'avais avec moi que huit mille hommes de disponible, le reste escortait le convoi. Je passai le Tage le 12, au soir.

« Comme, dès que j'eus la nouvelle de l'affaire du 22, j'avais écrit à M. le maréchal duc de Dalmatie, d'évacuer l'Andalousie et de venir me joindre avec toute son armée, mon premier dessein avait été de marcher au devant de cette armée et de me réunir à elle aux débouchés de la Sierra-Morena ; mais de nouvelles lettres que je reçus de M. le maréchal duc de Dalmatie, à cinq lieues d'Ocana, ne me laissant rien à espérer, du moins pour le moment, je me décidai à me retirer sur Valence.

« En prenant cette résolution, j'ai eu en vue deux objets principaux : l'un, de mettre en sûreté l'immense population qui m'a suivi ; l'autre, de protéger et de défendre le royaume de Valence, menacé par un débarquement à Alicante, de 13,000 Anglais, Sciliens et Majorcains, qui, réunis aux forces de Freyre et d'Odonnel, auraient formé un corps de 25 à 30,000 hommes capables d'inquiéter sérieusement l'armée d'Aragon.

« J'ai été assez heureux pour atteindre ce double but. Le convoi est arrivé à Valence, et la présence inopinée des troupes que j'amenais avec moi, a forcé l'ennemi à se retirer sous Alicante, et peut-être à s'embarquer.

« J'ai trouvé ici des nouvelles de France, dont j'étais privé depuis trois mois.

« L'armée se repose d'une route extrêmement fatigante ; je fais filer sur les derrières tout ce qui a jusqu'ici embarrassé ma marche, et je laisse partir pour France les familles françaises qui désirent y rentrer.

« Si l'arrivée des secours de France peut réparer les pertes du 22 juillet et contrebalancer les renforts que l'ennemi reçoit de la Méditerranée et de l'Océan ; si l'on m'envoie quinze à vingt millions en sus des versements habituels du trésor impérial ; si enfin, instruit par ce qui vient de se passer, les généraux commandant les divers corps de l'armée, exécutent mes ordres au lieu de les discuter, ce qui arrivera lorsque l'Empereur en témoignera son mécontentement et en aura rappelé quelques-uns, je ne doute pas que les affaires d'Espagne se rétablissent.

« Agréez, etc.

« *P. S.* Valence, le 8 septembre 1812. — Au moment où je fais partir ce duplicata, je reçois les papiers publics de Paris jusqu'au 24 août, je ne puis cacher à V. A. S. ma surprise sur la manière dont on y rend compte de l'affaire du 22 juillet. Comment M. Fabvier, qui a porté la nouvelle de cette action à Paris, et qui m'a accompagné à Ségovie où *je suis resté quatre jours,* protégeant la retraite de l'armée du Portugal, a-t-il pu laisser ignorer mon mouvement et le dévouement personnel que j'ai mis à rester seul en présence de l'ennemi, tandis que les débris de l'armée du Portugal passaient de l'autre côté du Duero, ainsi que V. A. S. le voit par les détails contenus dans ma lettre? *Je ne voulais pas m'appesantir sur cette mauvaise foi et cette perfidie. La bataille du 22 a été perdue, parce que le maréchal duc de Raguse n'a pas voulu m'attendre ni attendre les secours qui lui venaient du nord; ces secours et ceux que je lui amenais, étaient en mesure de le joindre le lendemain ou le surlendemain de l'affaire; mais il paraît que, trompé par une ruse* de lord Wellington, qui a fait tomber entre ses mains une lettre au général Castanos, dans laquelle il mandait à ce général espagnol que sa position n'était plus tenable et qu'il était obligé de se retirer, M. le duc de Raguse a cru marcher à une victoire assurée *et une soif désordonnée de gloire ne lui a pas permis d'attendre un chef.* »

*Joseph à la Reine.*

« Valence, 9 septembre 1812.

« Ma chère amie, tu pourras concevoir par la copie ci-jointe, l'enchaînement des événements qui m'ont forcé à quitter Madrid, la résistance qu'a éprouvée l'exécution de mes ordres au Nord et au Midi, la précipitation qu'a mis l'armée du Portugal retirée derrière le Duero, à attaquer l'armée anglaise avant l'arrivée des secours qui lui étaient annoncés du Nord et du Centre. Masséna arrive ; s'il amène des troupes, si on envoie de l'argent, si les généraux qui ne veulent pas obéir et qui s'isolent dans leurs provinces sont rappelés, les affaires se rétabliront bientôt.

« Je me porte très-bien, je t'embrasse avec mes enfants, je désire que vous vous portiez aussi bien que moi et vous revoir bientôt, car la vie se passe.

« Si l'Empereur ne rappelle pas les généraux en chef du Nord et du Midi, il n'y a rien de bon à espérer dans un état de choses où il faut un commandement prompt, absolu, et où l'impunité encourage à la désobéissance et perpétuera les malheurs jusqu'à la perte totale de ce pays. »

« Pointe Breeze, 28 octobre 1823.

*Joseph au général Belliard.*

« Mon cher général, M. Carret, qui vous remettra cette lettre, vous donnera de mes nouvelles ; il est avec moi depuis neuf ans, il a ma confiance, il pourra répondre à toutes les questions que vous auriez à lui faire, sur ma vie actuelle et sur ma vie d'Europe : je conviens que l'on me défigure beaucoup dans tout ce qui s'imprime en Europe ; je ne me suis jamais cru un personnage excessivement important, mais j'avoue dans toute la naïveté de ma modestie que l'on me traite, en général, trop mal. — Les bibliographes dont vous parliez dans votre lettre à ma femme du 23 janvier 1822, — me font secrétaire de Salicetti ; j'ai été son collègue au Directoire, au Département, au Corps législatif, il a été mon ministre à Naples, et toujours ami fidèle ; mais depuis 1787, j'ai été constamment employé dans les fonctions publiques, depuis celle d'officier municipal, et je n'ai jamais eu une lacune dans ma vie où j'aie pu me trouver au services d'un particulier. — Il est ridicule que l'on me fasse l'auteur d'une nouvelle que je n'ai jamais avouée et qui ne mérite pas la peine d'être observée. — Si l'on eût voulu absolument parler de moi, il eût fallu se contenter de dire que j'avais constamment obtenu la confiance du peuple et du gouvernement dans tous les emplois petits et grands, depuis le commencement de la révolution : j'ai servi comme chef de bataillon à Toulon, et j'y ai été blessé ; j'ai été ambassadeur à Rome ; membre du Corps législatif, du conseil d'Etat ; j'ai négocié le traité d'Amiens, de Lunéville ; j'ai signé la paix avec les États-Unis d'Amérique et le Concordat avec le

Pape : j'ai reçu l'offre de la couronne de Lombardie et je l'ai refusée parce que je n'ai pas voulu l'accepter aux mêmes conditions que Philippe V celle d'Espagne, l'Empereur n'ayant alors d'autre successeur que moi et mon frère Louis, dont la santé était délicate.

« J'ai commandé le 4$^{me}$ de ligne, j'ai présidé le Sénat comme grand-électeur : j'ai conquis, pacifié et organisé le royaume de Naples : j'ai été roi d'Espagne avec les sentiments d'un roi d'Espagne : les préventions de tous les genres avaient cédé devant la vérité de mon caractère qui ne m'a jamais permis d'être autre chose que ce que je paraissais être ; ainsi, roi d'Espagne, j'étais aussi bon Espagnol que qui que ce fût, l'Empereur, mon frère, étant marié et ayant des enfants, et ayant cessé d'exiger ma renonciation aux liens qui m'attachaient et qui m'attachent à la France par la volonté exprimée du peuple.

« Dans les malheurs de ma famille et de la France je me suis prêté à tout ce que l'Empereur a jugé utile ; je ne commandais pas plus à Paris les armées en 1814 qu'en 1815, et dans cette première circonstance *j'ai fait plus que je ne devais, puisque mes ordres m'obligeaient à suivre l'Impératrice et le prince impérial et à protéger leur retraite sur la Loire, ce que je n'ai exécuté qu'à la dernière extrémité.*

« Ma correspondance, mes négociations, mes discours, les lois écrites à Naples, en Espagne, quelques-unes rédigées par moi, étaient d'une autre importance, qu'un badinage de société que je n'ai jamais avoué (1).

« Veuillez agréer, mon cher général, mon bien sincère attachement.

« Votre affectionné, JOSEPH. »

---

(1) Joseph fait allusion à une petite Nouvelle écrite par lui et connue sous le nom de *Moina*.

## X.

## CONCLUSION.

« Le Maréchal Marmont, disait une femme de beaucoup d'esprit, s'est embusqué derrière sa tombe pour tirer sur des gens qui ne peuvent riposter. »

FIN.

# APPENDICE.

### I.

La première édition de cette brochure ayant été enlevée rapidement, nous avons cru devoir mettre une seconde édition sous presse. Dans l'intervalle, quelques personnages haut placés ont donné, par la voie des journaux, de nouveaux démentis à beaucoup d'assertions contenues dans les *Mémoires du duc de Raguse*.

La rectification de plusieurs de ces faits offrant un véritable intérêt historique, nous nous sommes décidés à leur donner place ici, en les appréciant à notre point de vue.

### II.

En lisant les Mémoires de Marmont, on s'aperçoit facilement que le maréchal de Grouchy partage, avec beaucoup de ses frères d'armes, l'injuste animadversion du duc de Raguse. Peut-être nous serait-il facile de donner la clé de cette malveillance. Nous ne le ferons pas; il faudrait, pour cela, descendre dans des détails d'intérieur qui importent peu à l'histoire; mais ce qui n'est pas indifférent, c'est de prouver le peu de véracité de ce qui est reproché au marquis de Grouchy. Le général de division, fils de ce dernier, a publié à cet égard, dans le *Moniteur* du 4 avril, une lettre que nous reproduisons *in extenso*. La voici :

« J'ai attendu, pour répondre aux calomnies et assertions mensongères du duc de Raguse, que les derniers volumes de ses Mémoires posthumes aient paru. Sa haine et sa jalousie débordent dans chaque chapitre contre tous ses anciens compagnons d'armes ; pouvait-il en être autrement pour mon père ?

« Déjà de nombreuses et énergiques réclamations, appuyées de pièces authentiques, ont fait justice de ces Mémoires calomnieux ; je viens encore donner de nouvelles preuves de la mauvaise foi de leur auteur.

« Ainsi, dans le VIe volume, on lit textuellement :

« Le général Grouchy, dont la cavalerie était restée à Champaubert, vint de sa personne me demander à souper, ce qui était bien fait ; j'avais sur ma table l'épée du prince Ourousoff ; le général Grouchy me pria de lui en faire cadeau, pour remplacer son sabre qui le gênait par suite d'une ancienne blessure... Mais quel fut mon étonnement quand je lus, quelques jours après, dans le *Moniteur*, un article ainsi conçu :

« M. Carbonel, aide de camp du général Grouchy, est
« arrivé à Paris, et a remis de la part de son général, à
« S. M. l'Impératrice, l'épée du prince Ourousoff, qu'il
« a fait prisonnier à la bataille de Vauchamps. »

« Si le commencement de cette anecdote est vrai, la fin est un mensonge... La preuve en est donnée par le *Moniteur* et le général Carbonel, cités par le duc de Raguse ; depuis la date de la bataille de Vauchamps, 14 février, jusqu'au 1er avril 1814, le journal ne contient point le fait inventé si insidieusement ; il mentionne seulement la remise par le ministre de la guerre, à S. M. l'Impératrice, des drapeaux pris aux batailles de Montmirail et Vauchamps. (*Moniteur* du 27 février 1814.)

Voici la déclaration du général Carbonel, qui n'était plus aide de camp de mon père depuis 1812 :

« Mon cher général, je n'ai pas encore lu les *Mémoires du duc de Raguse*, mais si mon nom est cité dans le VI$^e$ volume de cette publication, comme ayant été chargé par votre père de porter à l'Impératrice l'épée du général russe Ourousoff, fait prisonnier à Etoge, vous pouvez, mon cher général, démentir avec assurance une semblable assertion ; car, après avoir été assez heureux pour faire, à si bonne école, et sous le patronage d'un aussi remarquable chef, les campagnes de 1807, 1808, 1809 et 1812, en Allemagne, en Espagne, en Italie, en Pologne et en Russie, j'ai été nommé, en 1813, aide de camp de M. le général comte de Narbonne, mort à Torgau, et, après son décès, j'ai été appelé, à la fin de cette campagne, à remplir les mêmes fonctions près du général comte de Flahaut.

« Recevez, etc.

« Général CARBONEL.

« Pau, le 20 mars 1857. »

« Dans le VII$^e$ volume, chapitre XXI, on lit encore :

« Grouchy avait reçu, quatre jours avant la catastrophe du 20 mars, le cordon rouge, et avait renouvelé les assurances de sa fidélité ; mais à peine le duc d'Angoulême eut-il marché sur la Drôme... »

« Ici encore un fait cité par le maréchal Marmont, qui est dénaturé sciemment par sa date, et toujours dans le but de déconsidérer, s'il est possible, tout ce qui n'était pas lui.

« En 1814, mon père était colonel-général des chasseurs, lorsque Louis XVIII, contrairement à un article de la Charte constitutionnelle, qui assurait à l'armée la conservation des grades, honneurs et pensions, nomma à sa place le duc de Berry.... Mon père crut devoir protester, et fut exilé dès le lendemain.

« En le rappelant de cet exil au mois de janvier 1815, on lui donna le cordon rouge... Sa nomination est du 17 janvier, bien qu'elle ne soit insérée au *Moniteur* qu'à la date du 29. Toutefois, mon père, peu satisfait de cette espèce de compensation, retourna en Normandie, où il est resté jusqu'au 17 mars 1815.

« De retour à Paris, seulement la veille de l'arrivée de l'empereur Napoléon, il fut appelé par lui au château des Tuileries dans la nuit du 20 au 21 mars, et ne partit pour le Midi que le 1er avril.

« Ces dates et ces faits rectifiés, la meilleure réponse aux insinuations du duc de Raguse est la lettre ci-jointe de l'Empereur Napoléon à mon père :

« Mon cousin, je vous écris pour vous faire connaître ma satisfaction ; les services que vous avez rendus, l'attachement que vous avez montré pour moi et la patrie, joints aux belles manœuvres, aux talents et au courage que vous avez déployés dans tant de circonstances, et notamment à Friedland, à Wagram et dans les plaines de la Champagne, m'ont porté à vous nommer maréchal de France.

« NAPOLÉON.

« Paris, le 5 avril 1815. »

« VIe volume. — En lisant la relation faite par le duc de Raguse de la bataille de Vauchamps, on y trouve la preuve de cet excessif amour-propre qu'il portait en toute occasion à s'attribuer le plan, l'exécution et le succès des opérations militaires.

« Il oublie volontairement que l'Empereur était présent sur le champ de bataille, qu'il a donné lui-même tous les ordres dans cette journée. Il passe sous silence que le duc de Dantzick et le prince de la Moskowa ont été constamment à la tête des troupes.

« Il ne fait nulle mention de la présence de la garde impériale, et enfin insinue que le commandant en chef de la cavalerie était sous ses ordres, ce qui n'était pas vrai.

« Pour ces rectifications, voir le Bulletin de la Grande-Armée, inséré au *Moniteur* du 16 février 1814.

« Les bornes d'un article de journal ne me permettent pas de relever ici plusieurs autres assertions injurieuses du duc de Raguse, notamment de répondre à ses appréciations mensongères sur la campagne de 1815. Dans une prochaine publication, appuyée de documents officiels, il me sera facile de démontrer que toutes ses calomnies reposent sur des faits dénaturés, des dates fausses, des instructions et des ordres supposés, qui, s'ils ont été donnés, ne sont jamais parvenus...

« On éprouve un sentiment pénible et de répulsion en lisant les *Mémoires du duc de Raguse*... Quoi de plus triste que de voir un maréchal de France qui, dans le but d'une justification impossible, voudrait flétrir les réputations militaires les plus honorables et les mieux acquises, et faire douter des dévouements les plus absolus..., qui ose refuser tout talent militaire aux généraux ses contemporains, et va même jusqu'à nier leur courage !

« Général marquis de Grouchy. »

« Paris, 31 mars 1857. »

Nous compléterons la rectification du général en donnant une courte appréciation sur les faits reprochés au maréchal de Grouchy par le duc de Raguse, relativement à la campagne de 1815 ; une chose assez curieuse et qui, soit dit en passant, ne peut manquer d'être notée par les lecteurs des Mémoires, c'est que Marmont, parlant de la controverse qui s'éleva plus tard entre Grouchy et Gérard à propos de la conduite du commandant de l'aile droite, pendant la journée du 18 juin, donne tort à *l'un* et *à l'autre*. « J'ai cru pouvoir accuser le général Gérard, dit-il, de juger après l'événement... Beau mérite que de juger des coups quand les cartes sont sur la table !... Grouchy entendait le canon de Waterloo.... etc. *Ainsi, sa conduite est impardonnable.*

Puis il continue :

« Cependant, sans le défendre sur des fautes aussi graves, sans vouloir le justifier d'avoir manqué au premier principe du métier, etc..., il est certain que, le soir du 17, Grouchy écrivit à l'Empereur pour lui rendre compte de sa position et de ce qu'il avait appris..., etc... »

Ainsi, d'une part la conduite du maréchal de Grouchy, est *impardonnable*, d'une autre elle peut être expliquée. La conclusion du duc de Raguse, en la dépouillant de tout artifice, est celle-ci :

Gérard n'avait pas raison. On juge trop facilement les choses après coup.

Grouchy avait tort. Mais il ne pouvait faire autrement à cause de son faible caractère.

Napoléon ! Voilà le grand coupable.

Si Marmont l'avait osé, il eût ajouté :

« Moi présent, les choses ne se fussent pas passées ainsi, mais je n'y étais pas ! »

Comme le dit le général marquis de Grouchy actuel, il faudrait un volume pour expliquer les causes qui contraignirent son père à agir comme il le fit ; toutefois, on peut dire dès à présent que dans le paragraphe suivant de Marmont :

« Il (Grouchy) connut par ses avant-gardes le mouvement de l'ennemi sur la rive gauche de la Dyle. Il était à portée de marcher sur lui et de l'atteindre. Il occupait les ponts de la Dyle, et avait des avant-postes en avant.»

Dans tout ce paragraphe, il y a autant d'assertions fausses que de faits racontés.

1° Grouchy *ne connaissait pas* le mouvement de l'ennemi sur la rive gauche de la Dyle. Il avait été lancé *trop tard* sur les Prussiens, et cela parce que, le 17, l'Empereur n'avait pu arrêter ses projets qu'après avoir eu (*vers midi seulement*) connaissance des opérations de Ney aux Quatre-Bras. N'ayant pu suivre de près l'armée de Blücher qu'on supposait en retraite sur Namur, Grouchy cherchait cette armée dont les troupes avaient sur les siennes plus de quinze grandes heures d'avance. Il n'était *donc pas à portée* de l'atteindre le 18, quand le canon de Waterloo commença à se faire entendre.

2° Il n'occupait *pas* les ponts de la Dyle et n'avait nul avant-*postes en avant*, ce fut seulement dans la journée du 18 qu'il apprit par une lettre du major-général, que deux colonnes prussiennes s'étaient dirigées sur Vavres ; ce fut seulement dans la soirée et fort tard, qu'il reçut par un officier polonais, la lettre écrite du champ de bataille de Waterloo, à une heure de l'après-midi et lui disant de marcher de façon à se réunir à l'aile droite de l'armée française; enfin, ce fut à la tombée de la nuit que ses troupes purent être en position sur la rive gauche de la Dyle. (1)

Le duc de Raguse a donc écrit la relation de la marche du maréchal de Grouchy, avec une grande partialité ou avec une grande légèreté.

---

(1) C'est avec des documents irrécusables sous les yeux que nous écrivons ces lignes.

## III.

Le *Moniteur* du 30 mars 1857, contient une lettre du duc de Polignac, suivie d'une autre lettre du prince ancien ministre de Charles X. La première de ces deux lettres expliquant le motif qui a engagé à publier la seconde, et la seconde nous paraissant importante comme pièce capable de jeter un certain jour sur les journées de juillet 1830, nous les reproduirons l'une et l'autre. Nous nous bornons à faire cette seule observation que nous avons regretté qu'elles ne fussent pas suivies des deux états de situation dont il est fait mention par le prince.

Paris, 21 mars 1857.

« Monsieur le directeur,

« Une lettre adressée au prince de Polignac par M. le duc de Raguse, en date du 26 mars 1833, est la seule pièce justificative qui accompagne le tome VIII de ses Mémoires. L'intérêt de la vérité et l'impartialité auraient exigé qu'il publiât en même temps la réponse de M. de Polignac. M. de Raguse n'ayant pas jugé convenable d'en agir ainsi, je crois devoir suppléer à cette omission en vous priant de vouloir bien insérer la lettre ci-jointe. Cette lettre, dont la minute est entre mes mains, a été publiée en 1833, du vivant de M. le duc de Raguse, qui n'a point osé alors en contester l'exactitude. Les faits auxquels elle se rapporte sont désormais du domaine de l'histoire ; je n'ai donc pas à justifier ici l'ancien président du conseil du roi Charles X, ses adversaires politiques les plus violents se sont chargés de ce soin : on peut s'en convaincre en lisant les discours de MM. Mauguin, Persil, Madier-Montjau et autres. Je n'ai pas non plus à relever les expressions, pour le moins inconvenantes, ni les calomnies qui se trouvent tant dans les Mémoires du maréchal Marmont que dans sa lettre ; M. le duc de Raguse, dans ses Mémoires *posthumes*, prodigue trop ses injures aux hommes honorables de tous les partis, pour qu'il soit besoin de les accueillir autrement que par le silence et le mépris.

« Agréez, Monsieur, l'expression de mes sentiments les plus distingués.

« Duc de Polignac. »

Ham, le 30 avril 1833.

« Monsieur le duc,

« J'ai reçu votre lettre en date du 25 mars : elle ne m'a été transmise de Paris qu'après son insertion dans les journaux de la capitale, mode de correspondance qui, dans mon opinion, ne saurait convenir à aucun de nous deux.

« Les observations qui l'ont motivée ne vous ont pas été adressées, monsieur le duc, et elles ne portent pas surtout le caractère de récrimination hostile que je regrette de rencontrer dans la réponse que vous y faites. Au reste, au point où en sont les choses, peu de mots suffiront pour m'expliquer, car la question est facile à poser.

« Les événements de juillet 1830 sont maintenant du ressort de l'histoire ; c'est à elle qu'il appartiendra d'examiner si, à cette époque, j'ai mis à votre disposition des forces suffisantes pour dompter l'insurrection ; à elle appartiendra également le droit de rechercher l'emploi que vous en avez fait ; mais ni vous ni moi ne sommes compétents pour résoudre ces questions, et la lettre que vous m'adressez ainsi que les observations auxquelles elle doit servir de réponse, les laissent encore tout entières. En effet, dans votre lettre, vous vous êtes principalement attaché à rapporter quelques-uns des faits particuliers ou des détails relatifs à la lutte qui s'engagea en juillet 1830 dans les rues de Paris ; mais les bornes étroites que cette lettre vous prescrivait vous ont empêché de les relater *tous*. Cependant l'impartialité l'exige, d'autres les recueilleront. Dans mes courtes observations, au contraire, j'ai, autant que possible, évité de parler d'aucun de ces faits ; c'est encore la loi que je m'imposerai aujourd'hui, sachant tout ce qu'un semblable sujet offre de difficultés et exige de ménagements ; quelques assertions sur des faits antérieurs à l'action, quelques raisonnements présentés sous un point de vue général, voilà ce que ces observations renferment, le public restera juge de leur exactitude.

« La lettre que j'ai transmise le 12 février dernier à l'un des journaux de la capitale, lettre que j'ai signée, Monsieur le duc, car je signe tout ce que je publie, avait pour objet de répondre à un article de ce même journal qui paraissait faire allusion à d'anciens bruits enfantés par l'ignorance ou par la malveillance, au moment de la révolution de juillet. Ces bruits, recueillis dans des brochures, dans des feuilles publiques imprimées tant en France qu'à l'étranger, et dont plusieurs sont encore en ma possession, étaient tellement absurdes, qu'à chacun appartenait le droit de les réfuter, et un silence qu'à cette terrible époque moi seul je devais garder, s'il se fût plus longtemps prolongé, eût laissé passer pour constant que l'insurrection parisienne n'avait trouvé en face d'elle qu'une faible troupe de quatre à cinq mille hommes sans artillerie suffisante pour protéger ses mouvements.

« En opposition à ces bruits mensongers, je rapporterai succinctement dans ma lettre le contenu de deux états de situation, l'un de la garnison de Paris, l'autre des forces de la première division militaire, tels que je me les étais procurés au ministère de la guerre peu de jours avant la révolution de juillet. Ils doivent être entre vos mains, monsieur le duc, *car je vous les ai remis en même temps que les lettres de service* qui vous appelaient au commandement supérieur des forces de toute la division.

« C'est encore pour répondre à ce même article que je me suis étayé de votre propre opinion ; ce n'était pas, certes, m'ériger en juge dans ma propre cause. J'ai rappelé à cet effet le plan d'opération militaire que vous adoptâtes le 28 juillet, non pour le critiquer, comme vous le supposez dans votre lettre, car j'en fis même l'observation, et j'ajoutai que le blâme devenait facile après un non-succès. Cette réflexion était, ce me semble, de nature à rassurer vos justes susceptibilités aussi bien que les miennes ; mais j'en tirai cette conséquence fort naturelle, c'est qu'en traçant ce plan (je cite mes propres expressions), *en le mettant à exécution, vous aviez nécessairement cru avoir des forces suffisantes pour en assurer le succès*. Toute autre induction eût dû vous paraître offensante : or, avant l'exécution de ce plan, le soulèvement de Paris avait déjà perdu à vos yeux le caractère d'une insurrection pour prendre celui d'une révolution ; non-seulement vous me le dîtes, mais vous l'écrivîtes au roi dans une lettre datée du même jour 28, à neuf heures du matin.

« Enfin j'ai également rappelé les assurances que vous me donnâtes, ainsi qu'à mes collègues, après la triste journée du 28. Rien, en effet, ne pouvait mieux démontrer la fausseté des bruits que je réfutais, que la conviction dans laquelle vous étiez alors, Monsieur le duc, que les efforts des insurgés, même avant l'arrivée des renforts que vous attendiez, ne pourraient vous faire abandonner les positions militaires que vous occupiez, conviction que, sur votre invitation, je m'empressai de faire partager au roi. Ce n'était pas, encore une fois, mon propre jugement que je rapportais, c'était le vôtre que j'acceptais.

« Vous me demandez, dans votre lettre, comment il se fait que je n'aie pas été instruit de l'intention dans laquelle était le ministère de faire évacuer la capitale dès le 29 juillet au matin, puisque l'ordre relatif à ce mouvement rétrograde avait, dites-vous, été rédigé à Saint-Cloud, dans le conseil dont j'étais encore le président, et cela une heure avant que vous n'ayez quitté les Tuileries. La réponse est facile à faire. Les renseignements qu'on vous a donnés à ce sujet sont complétement inexacts. L'ordre d'évacuer Paris n'a jamais été rédigé ni même discuté au conseil tenu le 29 à Saint-Cloud. Le comte Coëtlosquet nous apporta la première information concernant la retraite des troupes presque à l'ouverture du conseil ; cette triste nouvelle en affecta péniblement les membres : la dissolution du ministère suivit de près. Dès lors je n'eus plus à m'occuper des ordres qui vous furent transmis, car ils ne durent plus m'être communiqués. Le roi venait de donner un chef à l'armée, et je regrette que ce ne soit point ici l'occasion de retracer la conduite pleine de fermeté, mais trop peu connue, du prince généralissime dans cette circonstance critique.

« Un passage de votre lettre fait allusion au célèbre procès du mois de décembre 1830, dans lequel j'ai figuré. Je ne l'ai pas lu sans quelque étonnement ; car si la plainte devenait un droit, ce triste droit serait plutôt de mon côté. En effet, à cette époque, Monsieur le duc, je n'ai nommé personne, je n'ai fait que nier ou me taire; mais d'autres, à vous connus, ont parlé; cependant, je n'ai point voulu juger sur de simples apparences, et je m'en suis bien trouvé. Et vous aussi, Monsieur le duc, il vous sera facile de reconnaître (si vous ne l'avez déjà fait) qu'à l'époque dont il est question j'ai su concilier à la fois et ce que ma position m'imposait de devoirs et ce que la vérité m'inspirait de respect.

« Je termine ici mes explications : tout le reste, je le répète, est du domaine de l'histoire ; attendons son jugement.

« Je m'abstiendrai également de répondre au dernier paragraphe de votre lettre que quelques journaux de la capitale ont même cru ne pas devoir insérer en entier : un sentiment de convenance que vous apprécierez sans doute, Monsieur le duc, me défend d'en relever les expressions et fixe à ma réponse une limite que je ne franchirai point ; car, si la modération trace des devoirs à remplir dans les temps de prospérité, elle n'en prescrit pas moins des règles à suivre aux jours de l'adversité ; j'espère, dans l'un et l'autre cas, ne jamais m'écarter des obligations qu'elle impose.

« Agréez, Monsieur le duc, l'expression de mes sentiments les plus distingués.

« Le prince DE POLIGNAC. »

## IV.

Le général marquis de Grouchy avait à peine fait paraître au *Moniteur universel* la réfutation citée plus haut, que le fils du général du Taillis venait à son tour réclamer dans le même journal contre les perfides et fausses assertions du duc de Raguse. Nous donnerons place d'autant plus volontiers à la lettre du comte du Taillis, qu'il nous sera très-facile de la faire suivre de pièces officielles prouvant d'une façon irrécusable la vérité de ce qu'il avance sur l'existence de son père, existence calomniée avec tant de perfidie par le maréchal Marmont.

« *A M. le directeur du* Moniteur.

« Monsieur le directeur,

« Dans son parti pris de rabaisser la gloire de tous ses compagnons d'armes, le maréchal Marmont n'a point épargné le général du Taillis. Permettez-moi de recourir à mon tour à la voie du *Moniteur* pour repousser une odieuse calomnie. Si j'arrive tard, c'est que mon état de souffrance ne m'a pas permis de connaître plus tôt l'outrage fait à la mémoire de mon père. Les lignes suivantes, où le duc de Raguse a consigné à la fois l'injure et la basse jalousie qui l'a inspiré, ne me permettent pas de garder le silence.

« A la bataille de Castiglione et aux combats précédents, de nombreux drapeaux avaient été enlevés à l'ennemi ; il fut question de nommer un officier pour les porter à Paris, et j'eus à cette occasion un *grand chagrin*. Le général Bonaparte fit choix du premier aide de camp du général Berthier, nommé du Taillis, officier *extrêmement médiocre* et passant pour *peu brave*. En le désignant, le général Bonaparte avait eu le désir de faire quelque chose d'agréable à son chef d'état-major, dont il était content. Je ne fis pas ce calcul, et je *fus outré*. » (Mémoires du duc de Raguse. Tome 1er page 213.)

« Pour confirmer cette épithète de *peu brave* dont le maréchal Marmont gratifie l'aide de camp du Taillis, il raconte un peu plus loin un prétendu duel entre mon père et Comeras, représentant de la République française près des Grisons, dans lequel il fait jouer aux deux adversaires un rôle ridicule.

«Tout est faux dans ce passage des *Mémoires du duc de Raguse*. J'en ai pour garant l'attestation formelle des militaires survivants qui ont connu mon père. Ce duel et tous ses accessoires sont une pure invention dont Marmont avait besoin pour satisfaire sa vengeance.

« En effet, une pareille calomnie ne se comprendrait pas si le duc de Raguse n'avait pas eu soin de raconter lui-même la cause de sa haine. Du Taillis lui est préféré pour une mission glorieuse; il ne l'a jamais oublié, et comme il n'a point osé se venger de son vivant, il attendra pour le faire sans danger que la tombe se soit fermée sur lui comme sur ses victimes. Heureusement les Mémoires de Marmont ne sont pas l'histoire, et les faits de cette grande époque parlent plus haut que tous les artifices de la calomnie.

« A qui fera-t-on croire qu'un militaire, honoré de toute la confiance de Napoléon et de son illustre chef d'état-major, ait jamais eu la réputation de manquer de bravoure? Si, parmi les qualités qui ont honoré la longue carrière du général du Taillis et lui ont mérité les sympathies de ses glorieux compagnons d'armes, il en est une à l'abri de toute attaque, c'est incontestablement cette bravoure à toute épreuve qu'il poussait même souvent jusqu'à la témérité. Sa vie est un tissu d'actes de courage; il suffit d'en citer quelques-uns.

« Après avoir pris part aux batailles de Valmy, de Jemmapes et à plusieurs combats mémorables où il fut blessé, du Taillis fit, comme premier aide de camp du général

Berthier, toutes les campagnes d'Italie. Lors de la révolte de Pavie, ce fut à sa fermeté et à sa présence d'esprit que la petite troupe française dut de n'être pas égorgée. Le courage qu'il montra à la bataille de Castiglione lui valut l'honneur d'être envoyé à Paris par le général Bonaparte pour porter les drapeaux pris sur l'ennemi et de recevoir du Directoire des pistolets d'honneur.

« De retour à l'armée, il eut son cheval tué sous lui à Rivoli, un autre à Arcole. Après le passage du Tagliamento, il porta l'ordre au général Joubert d'attaquer Balzano et Brixen, combattit aux côtés de ce brave général et repartit immédiatement pour rendre compte de ces deux glorieuses affaires au général en chef. Un corps de Tyroliens voulant lui fermer le passage, du Taillis monte le cheval du postillon qui le conduisait, et, avec six hommes de bonne volonté, il traverse l'ennemi et arrive au quartier général, lui troisième, avec son cheval et ses habits criblés de balles. Ce trait d'héroïsme lui valut un sabre d'honneur.

« Il était déjà colonel à Marengo, où il eut un cheval tué sous lui. Après avoir fait partie du camp de Boulogne comme chef de l'état-major du maréchal Ney, qui, certes, se connaissait en bravoure, il fut présent à toutes les batailles de la Grande Armée et se distingua entre autres à celles d'Elchingen, d'Ulm, d'Iéna, etc. C'est lui qui reçut la capitulation de Magdebourg, où 25,000 Prussiens avec 800 pièces de canon se rendirent à un faible corps d'armée qui n'avait que 2 pièces de siége.

« Le général du Taillis eut encore un cheval tué à la bataille d'Eylau et le bras droit emporté au combat de Gunstadt en désignant l'emplacement d'une batterie. A peine guéri de sa blessure, il retourna à l'armée avec le grade de général de division. L'Empereur le nomma successivement comte, commandeur de la Légion d'honneur, puis gouverneur à Munich, Erfurth, Varsovie, Torgau. Le siége de cette dernière ville fut long et opiniâtre ; la défense du gouverneur, héroïque. Il eut à lutter contre la famine et la peste, qui enlevèrent près de 20,000 hommes sur 22,000 dont se composait la garnison, et contre un corps assiégeant de 60,000 hommes.

« Le général prussien qui le commandait ayant appris que le général du Taillis avait fait miner le fort qui protégeait la ville, lui écrivit qu'il le rendait responsable, *sur sa tête*, de la conservation du fort. Le général du Taillis lui répondit que le fort devait sauter le lendemain à six heures du matin, mais qu'après une pareille menace, il sauterait à minuit; et le soir même le brave général Durieu, sur l'ordre du général du Taillis, faisait sauter le fort.

« L'approbation de l'Empereur récompensa le général du Taillis de son intrépidité. Dans une réception aux Tuileries, Napoléon lui dit : « Général, j'ai été content de votre défense de Torgau. » Une autre fois, Napoléon l'interpellant au milieu d'un cercle d'illustrations de l'Empire : « Etes-vous marié, général ? — Non, Sire, répondit du Taillis. — Eh bien, il faut vous marier et nous faire des braves ! » L'amiral Thevenard, témoin de ce compliment dit au général du Taillis : « Ces paroles de l'Empereur, vous devez les mettre dans votre généalogie. — Et en lettres d'or ! » ajouta l'amiral de Bougainville.

« Voilà cependant l'homme que le duc de Raguse a l'impudence de présenter comme manquant de bravoure !

« Au reste, il n'est aucune des illustrations de l'Empire que Marmont n'ait tenté de flétrir, et, malgré ma juste indignation, je ne puis m'étonner de voir mon père en si glorieuse compagnie.

« Agréez, monsieur le directeur, l'assurance de mes sentiments les plus distingués.

« Comte DU TAILLIS. »

« Paris, le 10 avril 1857.

La cause de l'injuste appréciation du duc de Raguse sur la vie de soldat du général comte du Taillis est tellement transparente, que nous croyons inutile d'en parler. Jalousie et orgueil, le maréchal Marmont a tout sacrifié dans son ouvrage posthume à ces deux passions, mauvaises conseillères pour qui veut écrire l'histoire avec impartialité.

Le prétendu duel raconté par le maréchal n'a jamais eu lieu. Il est permis de croire que le duc de Raguse a fait confusion en attribuant à l'ancien aide de camp du prince de Neufchâtel, un fait qui a pu se passer réellement mais beaucoup plus tard qu'à l'époque assignée, et auquel le général du Taillis a été complétement étranger ; c'est là une histoire fort amusante sans doute, mais qu'il n'eût pas fallu attribuer à un officier général qui n'y a même jamais été mêlé.

Quant aux épithètes d'officier *extrêmement médiocre* et *passant pour peu brave,* dont le duc de Raguse gratifie avec un si grand laisser-aller le général du Taillis, la réponse est dans les documents officiels suivants : Après des recherches consciencieuses, voici les pièces que nous avons trouvées, pièces dont nous avons les originaux sous les yeux :

Né à Nangis, le 12 novembre 1760, M. du Taillis commence dès 1779 son apprentissage militaire dans les volontaires du corps de Nassau où il est admis comme cadet. Nommé capitaine adjudant-major au 3$^e$ bataillon de la 6$^e$ division de la garde nationale parisienne, le 1$^{er}$ septembre 1789, il est incorporé le 3 août 1791 dans le

14ᵉ bataillon d'infanterie légère. Il fait les campagnes de 1792 et 1793 à l'armée du Nord et reçoit une blessure étant à l'avant-garde de Dumouriez. Envoyé comme aide de camp du général Berthier en ventôse de l'an III, il fait en cette qualité les campagnes d'Italie, et il est nommé chef de bataillon le 27 germinal de la même année, puis chef de brigade le 23 brumaire an VI. Il est désigné après la bataille de Castiglione pour porter les drapeaux pris à l'ennemi, et quoi qu'en dise Marmont, le général Bonaparte ne chargeait pas habituellement des officiers *peu braves* de pareilles missions. Le 17 nivôse an X, il est promu adjudant commandant. Il fait la campagne de Marengo et a un cheval tué sous lui à cette grande bataille. Le 12 fructidor an XII, il est envoyé comme chef d'état-major des troupes réunies au camp de Compiègne sous le commandement de Ney.

Voici la lettre de service qu'il reçoit à cette occasion du ministre de la guerre :

« Le général Bonaparte, premier Consul de la Répu-
« blique Française, ayant à nommer un général de bri-
« gade pour remplir les fonctions de chef d'état-major
« des troupes réunies au camp de Compiègne, et prenant
« une entière confiance dans LA VALEUR, *l'expérience*
« *et la fidélité dont a donné des preuves* le général de
« brigade du Taillis, l'a nommé, par décision du 10 fruc-
« tidor, chef d'état-major des troupes rassemblées au camp
« de Compiègne et commandées par le général en chef
« Ney. »

Le 10 vendémiaire de la même année, le ministre de la guerre fait sur le général du Taillis, le rapport suivant aux Consuls :

« L'adjudant commandant du Taillis a rempli pendant
« plus de huit années auprès de moi les fonctions d'aide
« de camp avec distinction. Avant de faire les campagnes

« d'Italie, il a fait celles de 1792 et 1793, où il avait reçu
« des blessures. Fait prisonnier avec Songis par les in-
« surgés de Pavie, menacé souvent du massacre, il eut
« longtemps la mort devant les yeux. Son salut et celui
« des autres prisonniers fut en partie le fruit de sa *fer-*
« *meté* et de sa présence d'esprit. Après le passage du
« Tagliamento et la prise de Gradisca, le général en chef
« l'envoya dans le Tyrol, porter au général Joubert l'ordre
« d'attaquer Balzano et Brixen, en lui recommandant de
« venir, sans délai, rendre compte du résultat de ces
« attaques qu'il importait de connaître pour les opérations
« ultérieures. Arrivé près de Joubert, il fut présent aux
« attaques et repartit sur le champ pour annoncer leur
« succès. Un corps du Tyrol attaquant nos derrières lui
« fermait le passage et venait de repousser cinquante
« Français, commandés par un officier qui avait eu trois
« hommes tués et plusieurs blessés. Instruit de ces faits
« par l'officier lui-même, du Taillis n'hésite pas un
« instant. Il prend le cheval du postillon qui le conduit,
« réunit à lui quatre militaires et les deux dragons d'es-
« corte. Avec ces six hommes, il entreprend de forcer le
« passage, en perd quatre et arrive lui troisième à Bal-
« zano, son cheval et ses vêtements criblés de balles.
« Depuis cette époque il a fait avec moi la campagne de
« l'an VIII et a eu un cheval tué sous lui à Marengo......
« etc. *Je demande pour cet officier un sabre d'honneur.* »

Ce sabre lui fut donné ainsi qu'une paire de pistolets qui, dans une autre occasion, fut envoyée par le ministre avec la lettre suivante au général du Taillis :

« J'ai décidé le 13 de ce mois, citoyen, qu'il vous
« serait accordé une paire de pistolets de la manufacture
« d'armes de Versailles, en récompense de vos services.
« Je me félicite de pouvoir vous décerner cette marque
« de satisfaction *pour la bravoure que vous avez mani-*

« *festée en diverses circonstances, et dont vous avez donné*
« *des preuves multipliées sous mes yeux.* »

On voit que Berthier et Bonaparte, assez bons juges en matière de bravoure, étaient loin de considérer le général du Taillis comme un officier peu brave.

Continuons l'examen de cette longue et belle existence militaire.

Le général du Taillis fait la campagne de 1805 en qualité de chef d'état-major du 6e corps (maréchal Ney). Il est désigné à Ulm pour recevoir les armes déposées par l'armée autrichienne faite prisonnière.

A la suite de cette campagne, le maréchal Ney, également assez bon juge en pareille matière, écrit au major-général la lettre ci-dessous :

« Klagenfurth, le 28 décembre 1805 : Monsieur le
« maréchal, je dois témoigner à Votre Excellence com-
« bien j'ai à me louer de la manière de servir du général
« du Taillis, qui n'a cessé pendant toute la campagne de
« se conduire avec la plus grande distinction. Ses services
« comme chef d'état-major n'ont été ni moins satisfaisants
« pour moi, ni moins honorables pour lui. Je vous prie,
« Monsieur le maréchal, *et je vous demande comme un*
« *acte de justice,* de supplier S. M. d'accorder au gé-
« néral du Taillis le grade de général de division. C'est
« une récompense due *à son courage, à ses talents et à*
« *son zèle.* »

Promu général de division le 29 juin 1809, du Taillis fut employé à l'armée d'Allemagne en 1809, 1810 et 1811. Il eut le bras droit emporté par un boulet à Gunstadt en 1807, et ne voulut pas cependant cesser le service actif.

En 1812, il eut pour mission de rester comme gouverneur à Varsovie. Il rendit dans cette position de grands services à l'armée dans sa marche sur Moscou et dans sa fatale retraite. Grâce à sa fermeté, à son énergie, il procura des vivres et des ressources de toute nature. On l'accusa de dureté, il prouva qu'il avait agi au contraire comme il devait le faire, fut regretté à son départ et sortit victorieusement de cette épreuve.

L'Empereur avait une telle confiance dans la bravoure de du Taillis, qualité que lui dénie le duc de Raguse, qu'en 1813, il le chargea du commandement de la place importante et de la défense de Torgau. Tout le monde connaît l'admirable résistance que fit cette ville. Voici une lettre qui lèverait tous les doutes s'il pouvait en exister encore sur les qualités militaires et l'énergie du général accusé par Marmont.

Le 26 janvier 1814, Berthier écrit de Vitry à l'Empereur :

« Sire, l'aide de camp de V. M., le colonel Bernard,
« vient de me remettre les dépêches qu'il apporte de
« Torgau, contenant le journal du siége et la capitulation
« de cette place. J'ai l'honneur de mettre sa lettre sous
« les yeux de V. M. Elle annonce que, dans la défense de
« cette place, *le dévouement, l'opiniâtreté et la fermeté*
« *morale ont été portés à leur comble.* 14,000 hommes,
« depuis le 20 octobre jusqu'au 31 décembre, et 19,138
« hommes en tout, depuis le 1$^{er}$ septembre 1813 jus-
« qu'au 10 janvier, époque de la capitulation, sont
« morts. Malgré l'extrême faiblesse de la garnison, elle a
« défendu la place jusqu'au moment où elle a *eu con-*
« *sommé en totalité ses subsistances et ses chevaux.* La
« garnison est sortie avec les honneurs de la guerre. »

Nous ne citerons qu'une phrase de la lettre du colonel Bernard, la voici : « *Je désire du plus profond de mon*
« *âme que S. M. soit servie partout comme elle vient de*
« *l'être à Torgau.* Le dévouement, l'opiniâtreté, la fer-
« meté morale ont été portés à leur comble. »

Or, on sait que dans une ville assiégée par l'ennemi, le caractère, les talents et la bravoure du chef sont d'une influence capitale pour la défense.

Le général du Taillis avait été créé commandant (1) de la Légion d'honneur *à la création de l'ordre*. Il fut fait comte sous l'Empire, pair de France sous le gouvernement de juillet. Lorsqu'il mourut, il comptait cinquante années de service, vingt campagnes, des blessures graves; il avait eu quatre chevaux tués sous lui et avait assisté à onze grandes batailles. Le maréchal Berthier l'aimait et l'estimait à tel point, qu'il écrivit à trois reprises différentes, en 1814, sous la Restauration, au ministre de la guerre. Voici deux de ces lettres :

« Paris, 8 août 1814.

« Mon cher comte, je réclame votre intérêt particulier
« en faveur du général comte du Taillis. Vous connaissez
« comme moi ses services, et surtout ceux qu'il a rendus
« dans la campagne dernière, comme gouverneur de
« Torgau. »

« Paris, 1ᵉʳ septembre 1814.

« Mon cher comte, je vous recommande avec instance
« la demande du général du Taillis. Cet ancien camarade
« à nous, a bien servi; il a eu un bras emporté; il *s'est*
« *couvert de gloire* par sa belle conduite au siége de
« Torgau, etc. »

Après la production de titres pareils, nous croyons superflu de revenir encore une fois sur les allégations mensongères du duc de Raguse. La belle défense de Torgau suffirait seule pour illustrer un soldat.

---

(1) L'appellation de *commandeur* remplaça plus tard celle de commandant.

Marmont semble oublier que, sans être un grand capitaine comme Turenne, Frédéric ou Napoléon, sans être même un bon chef de corps d'armée, on peut encore être un militaire brave, zélé et chef intelligent, comme le général du Taillis et tant d'autres dont la France s'honore et qu'il cherche en vain à dénigrer.

## V.

Le duc de Raguse, dans ses Mémoires, en accusant de désobéissance et presque de trahison le prince Eugène, s'appuie sur l'opinion d'un général, jadis aide de camp du vice-roi d'Italie.

Après avoir détruit, à l'aide de la correspondance de l'Empereur, du vice-roi et du ministre de la guerre, l'édifice mensonger du maréchal Marmont, il n'est pas sans intérêt pour l'histoire de remonter à la source de la calomnie, et d'examiner, en la commentant, la Note écrite par le général d'Anthouard, sur laquelle se base le duc de Raguse.

Il est facile, à l'aide de documents authentiques, de prouver la fausseté des assertions contenues dans cette Note.

Laissant de côté tout ce qui est étranger au prince Eugène, nous nous bornerons à la réfutation de ce qui se rapporte plus spécialement au fils adoptif de l'Empereur.

Nous ne rechercherons pas pour quel motif et dans quel but le général d'Anthouard a rédigé sa Note, ne voulant pas aborder les personnalités, à moins d'y être contraint dans un intérêt historique.

En 1827, parut au *Spectateur militaire*, un article tiré

de notes rédigées et données par le général d'Anthouard. Cet article ne renferme pas tout ce que contiennent les notes ; elles furent adoucies.

Nous allons rétablir l'ensemble de ce document :

## NOTES DU GÉNÉRAL D'ANTHOUARD.

## RÉFUTATION.

L'Empereur voulant rendre le prince Eugène libre de tous ses mouvements pour la campagne fin de 1813 et 1814, lui prescrivit d'envoyer sa famille en France. La princesse Auguste avait à choisir de venir près de l'Impératrice Marie-Louise, ou près de l'Impératrice Joséphine, sa belle-mère. Elle refusa positivement l'un et l'autre parti.

Le 19 *février* 1814, seulement, et non en 1813, Napoléon écrit au prince Eugène :
« *Il est nécessaire que la Vice-Reine se rende à Paris pour y faire ses couches*, mon intention étant que dans aucun cas elle ne reste dans le pays occupé par l'ennemi. »
Quelques jours avant, le 8 février, l'Empereur avait écrit à son frère Joseph :
« Mais ne laissez jamais tomber l'Impératrice et le Roi de Rome entre les mains de l'ennemi. » (*Le Prince Eugène en 1814*, par M. Planat de la Faye, et *Mémoires du roi Joseph.*)
Toute la *pensée* de Napoléon est là ; s'il eût eu celle que lui prête le général d'Anthouard, ce n'est pas le 19 *février*, mais bien avant l'ouverture de la campagne de 1814, qu'il eût prescrit à Eugène de faire revenir la Vice-Reine en France.

Elle se rappelait avec chagrin que lors du mariage de Marie-Louise, elle avait mar-

Cela est inexact, la Vice-Reine avait occupé la place à laquelle son titre de princesse

ché après tous les individus de la famille Bonaparte, et avait juré de ne plus se trouver exposée à une pareille humiliation pour son amour-propre.

Alors, l'Empereur proposa à la princesse de se rendre à Montpellier ou à Marseille, où elle conserverait tout l'extérieur du rang qu'elle avait à Milan ; elle aurait pour sa garde une partie de la Garde royale italienne. Même refus.

impériale lui donnait droit. (Voir le *Moniteur* de cette époque.)

Ce refus est imaginaire, comme l'ordre de Napoléon et le motif qui, d'après le général d'Anthouard, aurait déterminé cet ordre à la fin de 1813. C'est ce qui résulte de la manière la plus évidente des lettres publiées par M. Planat. Dans celle du 27 février 1814, Eugène écrit à Napoléon :

« La santé de ma femme a
« été très-mauvaise depuis trois
« mois, etc. *Je vais lui commu-*
« *niquer les intentions de V. M.*
« *et dès que sa santé le lui per-*
« *mettra, elles seront rem-*
« *plies.* »

La princesse ne pouvait souffrir ni la France ni les Français. Elle était d'ailleurs en correspondance avec son père sur les événements présents et futurs.

Enfin l'Empereur décida que

La correspondance du prince Eugène avec sa femme, prouve, au contraire, que jamais la Vice-Reine ne chercha à faire sortir son mari du sentier de l'honneur et de la fidélité.

L'Empereur, à la fin de 1813

la princesse se rendrait à Gênes avec les Ministres italiens ; elle aurait une partie de la garde italienne pour sa personne, et l'Empereur en porterait la garnison à quinze mille hommes en donnant le commandement au général Frésia, dont les formes et les manières obséquieuses devaient convenir à la princesse. Même refus.

On prétexta qu'il fallait rester à Milan, pour donner du courage aux Italiens, et que l'on ne quitterait cette capitale que lorsqu'on y serait forcé.

L'Empereur fut extrêmement contrarié de tous ces refus et de ce projet.

Il voulait rendre le prince Eugène indépendant de toute affection de famille, pour le mettre à même de bien exécuter son plan de campagne. Peut-être même, voyant la conduite de Murat, voulait-il mettre le prince Eugène à l'abri des séductions de la famille de sa femme ; mais quelqu'étaient ses motifs, son plan échoua.

ou en 1814, n'était pas homme à distraire *quinze mille soldats* de ses armées pour les donner en garde d'honneur à la Vice-Reine.

Les lettres citées plus haut prouvent que ce projet est imaginaire.

Le général d'Anthouard, auquel le prince Eugène ne communiquait pas, sans doute, sa correspondance *privée* avec Napoléon, a pu être induit en erreur.

Les affections de famille n'avaient jamais empêché le prince Eugène de bien faire la guerre. Si l'Empereur avait, à la fin de 1813, manifesté l'intention de faire quitter Milan à la princesse Auguste, et que la princesse eût refusé, il n'eût pas écrit le 9 *mars* 1814 à Eugène :

« Sur la demande de la reine
« Hortense, j'aurais pu *vous en*
« *écrire plus tôt*, mais alors
« Paris était menacé....

« Il faut que vous soyez fou
« pour supposer que tout ceci
« *se rapporte à la politique.* »

Dans la même lettre, l'Empereur

dit : « C'est *par dignité et honneur* que j'ai désiré que la Vice-Reine vînt faire ses couches à Paris, et je la connais trop susceptible pour penser qu'elle puisse se résoudre à se trouver dans cet état au milieu des Autrichiens. »

Passant sous silence tout ce qui, dans les Notes du général d'Anthouard, a trait au roi de Naples, nous arrivons au fameux plan de campagne que l'ancien aide de camp du prince Eugène prête à Napoléon. Nous ferons, avant tout, une observation importante : c'est que, dan l'écrit du général, il n'y a pas *une date*, lorsqu'il serait indispensable de préciser, pour ainsi dire, les jours et les *heures*.

Le prince Eugène occupant Vérone, Legnago et toute l'Italie de l'Adige, depuis Reveredo, Ferrare, Modène, Plaisance, les Napolitains avaient leur avant-garde à Bologne, les Autrichiens occupaient le Tyrol et tous les pays vénitiens, à l'exception de Venise, Osoppo et Palma-Nova.

L'Empereur prescrivait au prince Eugène de tenir la ligne de l'Adige aussi longtemps que possible, pour avoir le temps de recevoir les conscrits, de les organiser, équiper, armer, etc., et il faisait connaître son mécontentement de ce que l'on n'avait pas suivi ses instruc-

Nous demanderons sur quel document s'appuie le général pour prêter à Napoléon le plan de campagne qu'il développe?

Comment se fait-il qu'il n'y ait, nulle part, trace de ce plan? Que dans la volumineuse correspondance de Napoléon, du prince Eugène et du duc de Feltre, il n'en soit pas question dans une seule lettre? Comment se fait-il qu'il n'est parlé de l'évacuation de l'Italie qu'au mois de *janvier* 1814, et encore est-ce une évacuation toute *conditionnelle?*

Si nous fouillons la correspondance de cette époque, nous trouvons une foule d'ordres et

tions précédentes, qui étaient de renvoyer les dépôts dans les places sur le derrière, pour y recevoir et organiser les conscrits, tandis qu'on les jetant dans les places fortes bloquées, telles que Osoppo, Palma, Venise, on se privait des moyens d'organisation, et qu'il fallait réunir ensuite en entier les moyens d'organisation, d'habillement, d'instruction, ce qui énervait les corps actifs. Les conscrits appelés étaient les rappelés des années précédentes, qui procuraient des hommes formés et aptes à faire ensuite des soldats. Ils devaient arriver dans fin de novembre et dans le courant de décembre, ce qui eut lieu en grande partie.

L'Empereur ordonnait au prince Eugène de convenir d'une suspension d'armes avec le maréchal de Bellegarde, au moment où il craindrait de voir forcer la ligne de l'Adige, à l'effet de remettre aux Autrichiens les forteresses d'Osoppo et de Palma-Nova, en en retirant les garnisons, qui ne consistaient guère que dans environ quinze cents hommes de dépôt des malades.

Les hostilités ne devraient recommencer qu'en prévenant de lettres qui indiquent l'envoi à l'armée du prince Eugène *de conscrits tirés de la France et de vieilles troupes tirées de l'armée d'Espagne.* Or, est-il admissible que l'Empereur eût fait diriger au delà des Alpes des renforts considérables, et cela, en *novembre* et *décembre* 1813, s'il eût eu en vue l'évacuation de l'Italie? Cela ne prouve-t-il pas, au contraire, que Napoléon voulait que l'on tînt dans ce pays?

Quand le plan supposé par le général d'Anthouard devait-il être mis à exécution? Était-ce avant novembre 1813? Mais alors l'Empereur était en Allemagne, en face de l'ennemi, et fort peu disposé à faire le moindre sacrifice de territoire.

Était-ce en novembre 1813? Mais, alors, pourquoi dicte-t-il au général d'Anthouard lui-même, pour le prince Eugène, des instructions *complétement inverses à toute idée d'évacuation.* (Voir les instructions publiées dans la brochure de M. Planat.)

vingt-quatre heures à l'avance, après la rentrée des garnisons. L'Empereur était convaincu que M. de Bellegarde, ancien militaire, faisant la guerre régulièrement, serait enchanté d'obtenir aussi facilement deux forteresses imprenables, qui se trouvaient sur ses derrières et sur la véritable ligne d'opérations. Le prince Eugène devait, aussitôt la conclusion, étendre ses troupes, sous prétexte de repos ou de facilité de vivres, et les porter en arrière, sur les deux routes, de Vérone à Milan et Crémone; faire filer tous les équipages sur les deux routes du Mont-Cenis et du Mont-Genève; faire successivement suivre ces deux dernières directions par l'armée, en ne conservant qu'un masque de cavalerie légère et quelque infanterie sur la ligne de l'Adige.

Le prince Borghèse, prévenu de ce mouvement, devait tout disposer pour les vivres et transports; le Mont-Cenis devait être bien armé et approvisionné, ainsi que le fort de Fenestrelles, pour arrêter l'ennemi sur les frontières. Il devait y avoir une garnison dans Mantoue et une autre dans Alexandrie. Venise était déjà pourvue et bloquée par terre.

L'Empereur voulait que l'on

Il n'est question, dans la correspondance du prince Borghèse avec l'Empereur, que d'armes et d'une division à envoyer à Chambéry, et *cela à la fin de février* 1814.

mit de préférence les troupes italiennes dans Mantoue et Alexandrie, parce qu'il craignait qu'en les ramenant en France dans ces circonstances, leur moral ne fût trop affecté de voir l'Italie occupée par les étrangers, et eux loin de leurs familles. L'Empereur ne conservait, en Italie, que Venise, Mantoue et Alexandrie, bien armés et approvisionnés ; il abandonnait toutes les autres places. « *Cela me suffit, disait-il* ; *j'au-« rai ensuite l'Italie quand je « voudrai ; l'Italie est en France, « mais la France n'est pas en « Italie, et c'est en France que « tout se décide.* »

Aussitôt que l'armistice aurait été dénoncé par M. de Bellegarde, les troupes devaient forcer de marches pour dépasser le Mont-Cenis et le Mont-Genève. La cavalerie légère, qui formait rideau, devait attendre les démonstrations des Autrichiens et alors se retirer rapidement pour rejoindre l'infanterie. Il était probable que M. de Bellegarde porterait des troupes sur Peschira et Mantoue, passerait le Mincio et, ne trouvant pas d'ennemis, se dirigerait de nuit sur Milan, où il organiserait le gouvernement, ferait chanter le *te Deum*, donnerait des ordres

Où se trouve la preuve de cette détermination ?

Qui a entendu ces paroles ? où sont-elles consignées ?

Si telle est l'expression de la pensée de l'Empereur, pourquoi ce dernier fait-il renforcer, à la fin de 1813, l'armée du prince Eugène ? Pourquoi lui écrit-il, au commencement de 1814, pour lui donner l'ordre CONDITIONNEL de revenir en France dès que Murat se sera prononcé contre nous, c'est-à-dire dès que l'Italie ne sera plus tenable ?

Le plan prêté à l'Empereur se trouve donc être en complète contradiction avec la correspondance de cette époque.

Cette évacuation anticipée de l'Italie nous semble un projet d'autant plus difficile à admettre, que si on étudie avec soin et sans passion l'histoire de cette époque, il est impos-

pour occuper tout le pays, pour suivre les Français.... Mais toutes ces dispositions devaient prendre plusieurs jours et l'armée française aurait gagné de de l'avance. Forte de 30 à 35 mille hommes avec un bon équipage de 10 bouches à feu, elle aurait passé par Briançon et le Mont-Cenis pour déboucher sur Grenoble et sur Chambéry ; elle trouvait à Chambéry le général Dessaix avec 5 ou 6,000 hommes, le général Marchand avec une douzaine de mille hommes ; à Lyon, le maréchal Augereau avec environ 20,000 hommes, ce qui, réuni à l'armée d'Italie, fournit 70,000 hommes, combattant sous les ordres du prince Eugène. Le général Dessaix devait former l'extrême droite, et avec quelques mille hommes se porter sur le Valais, y former des partisans et donner des inquiétudes aux Autrichiens sur leurs derrières.

L'armée devait remonter par la Bourgogne ou la Franche-Comté, suivant les circonstances, et se diriger sur Langres ou Belfort. L'armée autrichienne, prise en flanc et sur ses derrières, devait se hâter de se replier sur la Suisse.

L'armée venue d'Italie, arrivée sur les frontières de Lor-

sible de ne pas reconnaître que Napoléon ne voulut jamais faire la moindre concession de territoire.

Malgré les désastres de la campagne de 1813, il ne voulut rien abandonner. Après Champaubert et Montmirail, il disait : « *Je suis plus près de Vienne et de Berlin que les alliés ne le sont de Paris.* »

On ne trouve pas un mot de cela dans la correspondance de Dessaix avec le Ministre de la guerre et avec le major-général. Le général Dessaix formait l'extrême droite de l'armée de Lyon, il avait ordre de coopérer au mouvement, non pas du prince Eugène, mais d'Augereau sur Genève.

C'est le duc de Castiglione qui eut en effet une mission analogue ; seulement Genève était son point *objectif*. Dans aucun des ordres nombreux transmis pour cette opération

raine, était aussitôt rejointe par l'Empereur qui, à cet effet, faisait un mouvement sur Saint-Dizier. Alors, suivi de sa garde, il se mettait à la tête de l'armée d'Italie et dirigerait l'armée venue de Paris pour couvrir la capitale. Ensuite, il prenait en Lorraine 25,000 hommes qui y étaient organisés, et renforçait de quelques troupes en Alsace; pendant ces opérations les Autrichiens étaient repoussés, puis l'Empereur descendait le Rhin pour balayer tous les ennemis qui avaient passé en France, en les rejetant vers l'intérieur pour en prendre le plus possible. Arrivé à ce point le résultat de la guerre était décidé.

*Le prince Eugène a reçu les instructions pour l'exécution de ce projet de campagne.*

L'Empereur disait : « Si les « ennemis ne passent pas le « Rhin avant le 1ᵉʳ janvier 1814, « je suis en mesure, et le plan « s'exécutera en calculant bien « les mouvements. Mais si je « suis attaqué avant Noël, je « suis pris en l'air au milieu de « mes dispositions qui se trou- « veront en partie paralysées. « Je ne suis en mesure et il « faudra que le prince Eugène « se presse de faire son mou- « vement. »

à Augereau, il ne fut question de l'armée d'Italie pour y coopérer.

Si le plan dont parle le général d'Anthouard a été projeté par l'Empereur, ce qu'il y a de certain, c'est qu'il n'a pas même eu un commencement d'exécution.

Comment admettre que Napoléon l'ait fait connaître au général d'Anthouard, envoyé en mission près de lui par le prince Eugène, lorsqu'il lui dicte, à la fin de novembre 1813, des instructions contraires à ce plan ?...

Il ne suffit pas de dire et d'écrire des choses semblables, il faut les prouver. Or, quelles preuves donne le général d'Anthouard ?

Si cela est vrai, comment se fit-il que l'Empereur dicta des instructions en désaccord avec ses paroles ?

Comment se fit-il qu'il ne donna l'ordre de l'évacuation *conditionnelle* de l'Italie au prince Eugène, qu'au mois de janvier 1814 ?

14

L'Empereur, attaqué de tous côtés et à l'époque qu'il avait redoutée, ne recevant aucune nouvelle du prince Eugène, relativement au mouvement qui vient d'être détaillé, lui demanda où il en était de ses dispositions? N'ayant toujours pas de réponse, il ordonna au Ministre de la guerre d'en écrire officiellement. En conséquence, le duc de Feltre fit connaître par le *télégraphe* que l'Empereur était mécontent du retard dans l'exécution de ses ordres pour le mouvement de l'armée d'Italie sur France ; il demandait au prince Eugène de lui faire connaître ses dispositions et son itinéraire. Cette demande arriva de Paris en un quart d'heure ; on pouvait répondre par le même moyen, mais le prince retarda sa réponse de vingt-quatre heures et l'expédia par un courrier qui mit cinq jours. Il savait également par les correspondances de ses amis, que l'Empereur avait souvent dit et répété qu'il attendait Eugène avec l'armée d'Italie ; qu'il était probable qu'il était en marche. — L'Empereur avait compté sur lui plus que sur tous les autres. Il ne pouvait s'imaginer que ses ordres ne seraient pas exécutés, et lorsque,

Ceci est faux. Il n'y a jamais eu interruption ni lacune dans la correspondance entre le prince Eugène, l'Empereur, le Ministre de la guerre et le major-général. Ainsi, le 2 janvier, le vice-roi annonce à l'Empereur l'arrivée des Napolitains à Bologne ; le 7, il écrit de nouveau au duc de Feltre ; le 13, il adresse une troisième lettre à Napoléon. *Ces dépêches existent au dépôt de la guerre.* Où sont les preuves de ce fait ? Pourquoi ne pas préciser les dates ? Comment se fait-il qu'il n'est question de ce mouvement dans aucune des lettres du Ministre, du prince et de l'Empereur, à aucune époque ?

Le général d'Anthouard fait marcher le télégraphe un peu vite ; à ce compte on aurait pu correspondre avec l'armée d'Italie en *une demi-heure.*

Pourquoi le général d'Anthouard ne fait-il pas connaître cette réponse du prince Eugène? Elle eût eu plus de poids que des assertions qui ne sont corroborées par rien de positif.

L'Empereur avait raison, et il n'a pas eu à changer d'avis sur la fidélité du prince.

Quels sont ces ordres ? Comment sont-ils formulés ? Qui les connaît ? Le général d'Ansur le champ de bataille de Montmirail, un aide de camp du prince Eugène arriva, porteur des rapports du combat ou plutôt de l'échauffourée qui venait d'avoir lieu sur le Mincio, la première question que l'Empereur fit : « Où est Eugène ? Quand arrive-t-il ? »

thouard lui-même, ne dit pas les avoir *eus* ni même *lus*.

Le comte Tascher, l'aide de camp cité, existe et *déclare par écrit que tout cela est de la plus insigne fausseté*. Du reste, rien de plus facile à prouver. La bataille de Montmirail fut donnée le 11 *février*, celle du Mincio le **8**, en Italie. Comment le comte Tascher, parti le 9, eût-il pu se trouver le 11 à Montmirail !

Le 9 février, le vice-roi écrit à l'Empereur qu'il lui envoie son aide de camp Tascher pour lui rendre compte de l'avantage remporté par lui sur le Mincio au moment où l'ennemi s'apprêtait à franchir cette rivière. S'il eût pu repousser les Autrichiens jusqu'au delà de Vérone, il eût débouché de suite par Borgoforte sur notre nouvel ennemi (les Napolitains.)

Enfin, *le 9 février*, Napoléon fait écrire par le ministre au prince Eugène pour qu'il quitte l'Italie dès que le roi de Naples se sera déclaré contre nous ; *donc, le 11 février*, l'Empereur savait bien que ni le prince, ni son armée d'Italie, ne pouvaient être en marche sur la France.

Toutes les assertions de la note du général d'Anthouard sont faciles à détruire une à

Le prince dans sa dépêche parlait de sa victoire, s'excusait de ne pas pouvoir quitter l'Italie, n'ayant plus la ligne de l'Adige, étant replié derrière le Mincio et presque enveloppé par les Autrichiens et les Napolitains en nombre quadruple de ses troupes, ce qui ne lui permettait pas de faire le mouvement sur France ; mais qu'il était en mesure de défendre le pays.

L'Empereur vit bien dès lors qu'il ne pouvait plus compter sur la coopération de l'armée d'Italie et il en devina le motif; il garda le silence, comme il l'avait gardé longtemps sur la défection de Murat ; mais un plan de campagne fut manqué, et la France, comme il l'avait dit, ne fut plus défendue en Italie et l'Italie fut perdue en France.

Il faut remarquer que le prince eut l'air de mettre à exécution le plan de campagne, mais il était trop tard. Au lieu d'avoir profité du moment où il était sur l'Adige, libre de ses

une. Nous dirons plus, cette note est ridiculement faite; car, dans un moment où les distances et les dates sont d'une importance majeure, il n'y a pas une date et on ne tient compte d'aucune distance.

Ceci est faux encore ; cette dépêche existe au dépôt de la guerre, le prince rend compte de *l'avantage* (telle est son expression) remporté par lui, mais il ne s'excuse nullement.

L'Empereur n'était pas dans l'usage de garder le silence sur des faits de désobéissance à ses ordres; il lui arriva trop souvent, peut-être, de ne pas sévir, mais il n'avait pas l'habitude de se taire. Dans ces occasions sa correspondance portait la trace de son mécontentement.

Tout ce paragraphe porte l'empreinte de la plus incroyable mauvaise foi, les insinuations que l'on y trouve et que rien ne corrobore sont si complétement détruites par les

mouvements, il balança sur le parti à prendre, retenu d'un côté par sa famille; puis, pressé par l'honneur et la reconnaissance, il fut constamment dans l'hésitation, et lorsqu'il sentit la faute qu'il avait commise, il était trop tard pour la réparer, il ne pouvait plus quitter l'Italie. C'est ce qu'explique sa correspondance avec l'Empereur et pourquoi Napoléon, appréciant ce qui se passait, fit contre fortune bon cœur, le laissa maître de rester en Italie pourvu qu'il y fît la guerre loyalement en arrêtant les ennemis sur ce point.

La princesse Auguste avait refusé de venir en France. Que ce fût par amour-propre blessé, par la haine ou par suite des insinuations de l'Allemagne, le fait n'en est pas moins que ce fut le premier pas contre le plan de l'Empereur. Le prince Eugène tonnait contre Murat qui ne venait pas se joindre à lui, et pendant ce temps il correspondait avec l'Autriche et la Bavière. Au moment où il reçut les ordres de l'Empereur pour préparer son mouvement, il était à Vérone, revenant de Rovencio, sous prétexte de visiter la ligne, mais dans le fait pour recevoir un parlementaire entre les avants-

réfutations de MM. Tascher et Planat, qu'il nous paraît inutile de revenir sur ce sujet.

La relation du prince Taxis, publiée dans les journaux et dans la brochure de M. Planat, les lettres du prince Eugène à son beau-père, sa correspondance avec Napoléon, l'opinion publique qui ne se trompe pas souvent, démentent d'une manière péremptoire cette dernière partie des notes du général.

postes et s'expliquer avec lui. C'était un prince allemand au service d'Autriche, et qui se présentait sous l'uniforme d'un sous-lieutenant ; à son retour il entra en pourparler avec le maréchal Bellegarde, c'était un de ses aides de camp, ami d'enfance, qui était le porte-parole. Les conventions étaient déjà tellement avancées, que le prince Eugène tenant l'Adige, demandait que la princesse pût rester à Milan, ce que M. de Bellegarde ne voulut pas accorder, son instruction étant qu'il n'y eût à Milan que les agents du gouvernement de l'Empereur d'Autriche ; mais il ajoutait : « La princesse peut « habiter le château de Mauza, « je lui fournirai une garde, et « l'on aura pour elle tous les « égards dus à une princesse « d'une maison alliée de l'Em- « pereur mon maître..... » Ces paroles sont remarquables en ceci, que le prince Eugène n'exécutait pas les ordres de l'Empereur, avait l'air de s'entendre avec les ennemis, et cependant il refusa toujours de se joindre à eux, ce qui était encore le résultat de son inquiétude, occasionnée d'un côté par ses affections de famille, et de l'autre par le point d'honneur et la reconnaissance envers l'Empereur.

Le prince ne pouvant obtenir ce qu'il désirait pour la princesse, la fit venir à Mantoue; il n'avait pas encore abandonné la ligne de l'Adige, il aurait pu exécuter le mouvement indiqué par l'Empereur; mais il ne put se décider à exécuter un plan aussi vaste. Ensuite il aurait fallu conduire avec lui sa famille, dont la présence le paralysait. Il est probable qu'on lui avait fait des promesses. On lui avait fait connaître les espérances du congrès de Châtillon, il s'attendait à apprendre que la paix était signée; il était persuadé qu'il conserverait le Royaume d'Italie, qui serait détaché de la France dont Napoléon resterait le chef. Il ignorait alors que le seul point qui n'avait pas été consenti, et qui fit annuler toutes les conférences, était la désignation du prince Eugène en Italie. L'Empereur y voulait Joseph. Le prince Eugène sentait bien que Murat, lui et les autres, n'étaient rien que par la volonté de Napoléon et par l'appui de ses armes; que si le soutien manquait tout l'échafaudage croulait; cependant on lui avait fait connaître tout l'intérêt que lui portaient les alliés, ce qui lui donnait l'espoir de rester souverain du Royaume d'Italie, comme Murat l'était de Naples.

Lorsqu'il apprit par M. de Bellegarde l'abdication de Napoléon, il se démit du commandement de l'armée française, disant qu'il se devait à l'Italie; il croyait y rester, mais il fut détrompé par M. de Bellegarde. Il prit alors le parti de se rendre en Bavière avec sa famille.

Nous ne réfuterons pas les observations qui, dans l'article du *Spectateur militaire*, suivent la note *modifiée* du général d'Anthouard. Nous nous bornerons à dire que si nous admettons, jusqu'à un certain point, que des hommes n'ayant pas la possibilité de recourir à des documents historiques, aient pu prendre le change, nous ne comprendrons jamais qu'il en ait été de même pour des hommes ayant toute facilité de vérifier des faits dont la fausseté est aussi évidente.

www.ingramcontent.com/pod-product-compliance
Lightning Source LLC
Chambersburg PA
CBHW051858160426
**43198CB00012B/1650**